當我不愛自己時

—— 讓正念帶著你, 尋回愛的能力, 以慈悲視角重建內在力量。——

吳錫昌 · 胡文郁___著

正念
讓你重拾力量, 找回自己

Love yourself

心想事成

——仁青久美格西的祝福

〔作者序〕

是什麼把我帶到這兒？

源起「自他交換」修心的好奇心

那一年，離開職場回到校園，重溫學生的學習生活。對西藏佛教的心智鍛鍊方法，結合腦神經科學的實證，可以促進心理健康，體會到生命的幸福，讓我十分感興趣。最令人好奇的是「自他交換」修慈悲心的方法，它是透過呼與吸的兩股氣息，觀想苦受與樂受的互相交換，典範就像菩薩，把眾生的苦吸入身體，而把喜樂呼送出去給眾生。在一呼與一吸之間，生起大悲心，透過這種勇猛精進的慈悲修心，除盡煩惱，心得以自在解脫。

「自他交換」在現代也被應用在心理重建上，把眼前的苦難，去交換生命的重生與歡樂。把嚴厲對待自己的態度，帶入自我慈悲的體諒。讓深陷於憂鬱之中的人，帶入歡樂的種子。讓為錯誤自責愧疚的人，得到救贖的機會。

探索好奇，成為本書的源起，加上之後多年的正念學習與教學，讓我有機會完成這本書。

正念覺察的眼鏡

學習十多年正念有什麼成長？彷彿帶著透視的眼鏡，正念讓我明辨內心和情緒不能明白的真理，面對現象表面時，也注意它的內涵。其中一個重大發現：「苦難的無所不在」。

每堂正念上課時，我都會先問大家：「是什麼把你帶來這兒？」

一句簡單的提問，帶出學員們的深刻反思。從大家的回答中，我看到不同程度的「苦」，以及想要「離苦」的渴求。

一位太太想要改善先生帕金森氏症退化症狀的願望是如此地強烈，她用盡方法，帶他去看醫生、陪他做訓練、鼓勵他參加活動或者上課。她顯得很無助，但仍然渴望地問我，有什麼好方法能夠把造成痛苦的原因拿開，正念可以嗎？

一位中風的老人，做正念練習，感受身體疼痛時，說：「我沒辦法繼續，很疼痛。」但同為安養院一位老大姊，她坐在輪椅上大聲說：「查甫人怎麼這樣無路用，只會一直喊痛，這兒誰沒有痛啊。」老人當場眼淚就滴下來了。我說：「當無法忍受時，把注意力放回呼吸，感受自己腹部起伏，就可以了。」

成功女會計師告訴她的大哥大嫂，想回國來照顧失智母親時，大哥極力稱讚她的孝心。但她說：「我是個不孝女。」她長年在國外執業，對於寡母無人陪伴，內心自責不已。自我批判把「不孝」連結，使她存有一份愧疚。

一位媳婦照顧公公十四年了。壓力在無處可以喘息之下，最後就是「逃家」。關掉手機，在外流浪，在公園的椅子坐了大半天。她在一場照顧喘息支持團體中分享了她的故事，我問大家：「照顧的過程中，曾出現想逃的念頭嗎？」我一點也不驚訝，大部分的人都默默舉起了手。

臨床護理師分享了當場被家屬指控服務態度不佳，而被申訴的經驗。雖然事隔多年，她心中在面對病人和家屬時仍存有陰影。心裡也會有另一個憤怒的聲音響起，覺得自己很委屈。

覺察苦難，無論是源自於自己的或是別人的，是觸發慈悲心很重要的因子，當代正念從覺察開始，進入抗壓與情緒韌性，漸走向對自我的肯定。學習正念的最終目標，不就是在於拔除苦痛，善待自己與他人？

慈悲心像

「自他交換」的獨特方法是「觀想」（Visualization），也就是把無形的物質或能量，用想像力作為互換。雖是虛擬的心靈力量，也會產生大腦實質的改變。人類可以透過功能性磁振造影（fMRI）的顯影，看到想像時活化某區域的神經元活動，長期使用的觀想訓練，也會改變大腦神經元的結構。

從正念的覺察為基礎，覺察到苦難，再透過想像力心理重建，會從根本上去改變大腦的神經元。本書是結合正念與慈悲兩種訓練：

一、正念的覺察力，去看到自我或他人苦難的本質。

二、慈悲的想像力，透過心像的練習去重建大腦的結構。

負面情緒產生，源自於長期以來的問題和慣性制約。「慈悲心像」訓練大腦神經元的「重組」與「更生」兩種生理機能：

「重組」是減少舊習，增強新思緒；

「更生」是長出新的、強壯的神經迴路。

當我不愛自己時，提供一個邀請，從念頭開始，去檢視習以為常的慣性，覺察力本身即具有辨思能力，它知道自己生活方式最適的取捨，再透過心像的建立，讓大腦去吸收，去孵化，進而行動，從「意」，而「口」，到「身」，最終心像將會具像化，產生實質的生活改變，以及幸福目標的自我實現。

吳錫昌

〔作者序〕

覺察歷經苦難，孕育慈悲之心

有人問我：「在如此忙碌之餘，為什麼妳還願意擠出時間來完成這本書？」這要緣於我在醫學院「教學」與醫院「服務」時，我的生命歷程經常面對無所不在的「生、老、病、死」各種苦難情境，專業照顧者或非正式照顧者會以不同面貌或形式，呈現生命脆弱的一面，它觸發了我想撰寫本書的因緣……。

身心負荷：同理關懷

猶記三十多年前，在「血液腫瘤病房」指導學生實習及擔任護理長期間，五官覺受銘刻最深的是癌症治療反應不佳或疾病末期病人的身心靈痛苦，尤其當病人突然感染或大出血等緊急狀況下，醫師在家屬的期盼下，總是竭盡所能地救到最後一刻，但結果往往是急救無效而離世。剎那間，遺族失聲痛哭的聲音總會迴盪耳邊，帶著哀慟、無助或遺憾的情緒離開病房……望著他們離去的背影，內心總會浮現一個問號：他們要如何撫平哀傷回復到日常的生活？當時總覺得護理專業的培訓，仍不足以因應眼前沉重的身心負荷情境。

一路走來，卻看見最接近以及同理病人痛苦的護理同仁或學生，即使具備專業的「同理關懷」技能，也會因長期照顧病人而不自覺地投入更深的情感，承受著沉重的身心負荷。

死亡恐懼：靈性啟迪

1985 年擔任督導長期間，主任邀請我協助開設安寧緩和醫療病房，我立馬應許，殊不知接踵而來的是面對臨終病人的身心靈痛苦，有一種「書到用時方恨少」且使不上力的感受，特別鮮明。驚覺自己所學不足，於是開始積極舉辦各種在職教育訓練，週六、日幾乎排滿各種針灸、穴道、按摩、芳療、藝術治療等，期許自己可以多學一點來解決困境。

從「臨床實務」照護臨終病人習得的經驗，加上博士論文「末期病人生活品質」的研究主題，我努力研讀東西方文化與生死書籍，嘗試從儒釋道佛的華人文化思惟探究靈件議題，及「醫護人員角度」研究本土化靈性照護，期待能從中找到病人面對死亡產生恐懼的解決之道，從訪談末期病人及家屬敘說的生命故事，默默地轉化成滋養我心靈的資糧，也發現在不同宗教與文化脈絡「靈性」有其普同性及殊異性；讓我能感受病人真正的痛苦（Suffering）與靈性自在（Spiritual Wellbeing）於萬分之一。縱使此概念較為抽象，不容易懂也不好教，但羅素說：「推動我生命的力量有三；情愛、知識以及人類苦難無可忍受的關懷。」每回自問：「什麼是我生命中願意去付出與關懷的人類苦難呢？」它總會讓我再次找回初心。

苦難意義：悲憫之源

安寧緩和護理真是一門能令自己和他人感動的志業。一路努力摸索學習，付出自己所學，總是在病人善終的時候，能獲得回饋與成長，發現醫療照顧者每天同理關懷病人不斷上演生離死別的種種苦境，自然地就幻化成滋養慈悲他人之心的重要觸媒與泉源。病房常有臨床佛教宗教師穿梭於病床間，與法師們一起討論個案及進行靈性照顧相關研究，多少受到些許薰習。

很幸運地，在前法鼓大學釋惠敏校長主持的一個國科會「慈悲心像」整合型研究，我有機緣參與，浸潤在團隊成員「科學（功能性磁振造影，fMRI）與人文（慈悲喜捨的內涵）」的對話，似懂非懂之間，竟也在我內心扎了根；爾後，舉凡 Dr. Chris Irons 來台教授「慈悲焦點治療（Compassion Focused Therapy;

CFT）、慈悲地圖、自我慈悲」等工作坊，只要與慈悲議題相關的演講和工作坊，我都盡量抽空參加，為的就是想學習滋養慈悲心的方法，每次學習都有不同的體驗和收穫。

慈悲疲憊：善待自己

奈何醫療人員或家屬照顧病人，難免還是會碰到病人無法緩解的痛苦，以及家庭成員間種種愛恨情仇難以了結，想為病人拔苦，並不是每位病人都可以拔苦成功，有時候也將自己陷入苦境，日積月累久了，出現想逃離此情境時，才赫然發現自己已陷入「慈悲疲憊」（Compassion Fatigue）的窘境。目睹此情境，我發現「同理關懷」似乎仍不足以幫助臨終病人及照顧者面對生死的苦難，如何才能夠培養「慈悲之心」，為病人及自己拔苦呢？你對別人比對自己友善嗎？此問題悄然烙印於我心。

為了培養心理情緒和靈性的健康，讓自我慈悲的種子深植於心，十幾年前，參加蓮花臨終關懷基金會李燕惠老師帶領的正念減壓（MBSR）工作坊，開始嘗試將其運用於日常生活，從每天走路、坐捷運或進食時，把握機會正念行走、正念進食及身體掃描等簡易地正念活動，發現受益良多。接續參加了英國馬克・威廉斯（Mark Williams）來台授課的 MBCT 工作坊，以及胡君梅老師、陳德中老師、溫宗堃老師及法師等八週或五天密集課程，2015 年至上海參加正念減壓（MBSR）創辦人卡巴金博士親授的十天工作坊，發現這種強大的內在資源，改變我的生活，學習減緩嚴酷的自我批判，放下不可能達到的標準並放過自己。

偶而也會被緊湊或高壓的工作打回原形，但在「學／用」之間，土法煉鋼地點滴成長，直至香港中文大學護理學院院長及教師帶領的「自我慈悲」課程，讓我更感受到它的妙用與恩典，萌生要為護理學系學生開設「正念自我慈悲」課程，爾後，我也嘗試將其納入「癌症病人疼痛照顧指引」的非藥物療法之一。在關懷或悲憫他人的同時，也需學會如何照顧自己的方法，在未來成長的歷程培養正念，傳播利他主義，增強韌性（Building Resilience）以適應逆境，避免慈悲疲憊。

與苦共在：增強韌性

個人深覺正念減壓是一個提升護理人員與「壓力／困難」共處，及協助病人與慢性疼痛或死亡焦慮共處的簡單而又實用的方法。擔任部主任期間，教導護理人員或護生如何正念戴口罩、正念進食……有助於防疫工作，照顧者（照服員、家屬或護理師）於第一線付出無盡的愛與關懷，展現驚人的韌性，我們一起負重前行，挺過一千多個 COVID-19 疫情風暴的日子，當疫情過後，有些護理人員照護病人的那份熱情，似乎因身心負荷過重而疲憊地選擇離職，傾刻間人力短缺成為全球護理專業共有的現象。

近年來，隨著台灣邁入少子高齡化的社會，護理、社工、照服人員及家庭照顧者，長期照顧長輩，身心靈的壓力與複雜的情緒變化，也逐漸累積落入「焦慮或憂鬱」的負面情緒，過勞而進入慈悲疲憊的惡性循環，甚至質疑自己乃至崩潰而做出弒親等憾事。逐漸地，「待己如友」的感受益發強烈，照顧好自己的身心靈，能提供更好的照顧品質給他人，護理之路也會走得更久遠的想法不停湧現。要如何學會自我慈悲，進而慈悲他人，讓照顧者免於能量消耗呢？這種聲音也不斷出現。

自利利他：愛不止息

我開始認真思考：透過正念學習「專注與覺察」，從覺察自己的苦難滋養自我慈悲之心，更能敏感地覺察他人的苦難而孕育慈悲他人之心，先服務自己再服務他人的想法油然而生。我和錫昌老師分享我的想法，並請他為大學生不計學分的「服務課」共同授課，之後，錫昌老師積極邀請我一起來撰寫此書。即

課」共同授課，之後，錫昌老師積極邀請我一起來撰寫此書。即使自認所學有限，但因著相近的理念及投入護理照顧的初衷與熱情，我一口允諾，試著從常民文化的思維，提供簡單循序漸進的方法，如：葡萄乾練習（五官覺察）、身體掃描（善待自己）、撫慰呼吸（自我慈悲）及耗竭漏斗練習（增強韌性）等，透過「利他／自利」精神反覆地練習，能自己或他人的痛苦「共在」。

最終，我想傳達的想法是透過這本書提供有心學習者，了解正念慈悲與壓力、疾病和疼痛共處的相互關係，持續提升慈悲他人與自我慈悲的能力，在繁忙工作中自然能找到自我療癒的方法，免於「慈悲疲憊」，並保有照顧他人的熱情，我很清楚：找到自己生命的「意義感」而「活得自在」，這就是我人生的「蘭巴倫」[1]，共勉之。

文郁　於教師節前夕
2024/09/28

1　編註：這是出自於史懷哲醫師所說：「每個人生命中都要有自己的『蘭巴倫』（Lambarena）。」而史懷哲醫師在非洲喀麥隆的蘭巴倫，奉獻了他的一生。

目錄

CHAPTER 2 以正念視角看見慈悲的本質

✚ 正念自我慈悲，讓你開始愛自己

CHAPTER 3 感受內在變化，療癒情緒
✚ 發展慈悲心智的方法

CHAPTER 4　自我疼惜，從心做起

+ 自我疼惜與照顧

力，後來被應用於臨床心理治療，處理憂鬱症和挫折情緒；發展至今，透過大腦神經科學的研究佐證，認識到慈悲心緒可產生能撫慰大腦情緒系統的荷爾蒙，讓人們可以安定自我、疼惜自己，並對他人產生不分親疏的關懷和悲憫，揭示了人類在身心健康療法領域中已達到的里程碑，也是二十一世紀人類對心智理解的重大進展。

---

1 美國心理學家 Kristim Neff（2003）在正向心理學的背景下提出自我慈悲（Self-Compassion）的概念，主要源於對他人慈悲，卻時常忘記要對自己也慈悲，後續此概念被其他研究者大量引用研究。

CHAPTER 1

疼惜自己，是需要學習的

＋ 啟動疼惜自我的注意力

現在，請刻意地提醒自己，要身體健康！
請刻意地跟自己說聲：辛苦了！
請刻意地感謝身邊所有的一切。
持續下去，你將會有更大的收穫！

FOCAL POINT

探索初心，待己如友

你一定常對朋友這麼說：「要對自己好一點！」「多愛自己一點！」那麼，你怎麼對待自己呢？有沒有善待自己呢？能不能對待自己像對待朋友般？也許你不知道該怎麼做，現在，就是最好的時機，啟動善待自己的開關。

陽光燦爛的午後，寧靜的社區關懷據點，一場以「喚醒感官覺知與舒壓」為題的座談會開始了，來了十多位社區居民，各自帶著不同目的前來，有人追求自身的心理健康；有人身為照顧者想緩解壓力；有人則是暫時卸下陪伴身障孩子的重擔來透透氣；有人純粹正好有空，過來共享午茶時光。每個人對活動也都有著不同的期待。

活動開始，我請大家一起來體驗正念覺察的「吃葡萄乾練習」。這是透過對身體的覺察，去體驗感官與生活的關係。我邀請大家，刻意地把注意力放在吃一顆葡萄乾的過程，細緻地感受觸覺、味覺、嗅覺、聽覺，用五官感受變化。

阿鳳姨說：「老師，這樣吃得太慢，我沒法耐住性子練習。」

我問她：「『覺得吃太慢』是什麼感覺呢？」

她想一下說：「焦慮感。」

品嘗食物是很正常的行為，阿鳳姨的焦慮到底從何而來？進一步探問後，意外勾出三代婆媳的故事。

她說：「夫家是種水果的農家，嫁入第一天，婆婆煮了午飯，用提盒帶到果園給公公和先生吃。那頓飯婆婆看我吃得慢吞吞，就告誡我：『吃飯要快一點，不要浪費時間。』於是我只能跟著大家三口併作兩口地吞完一頓飯。」

而這個「吃飯快一點，不要浪費時間」的提醒，在婆家的定義是不能超過五分鐘。她習以為常地遵守著，就這樣過了四十年。最近婆婆過世了，新媳婦嫁過來，自己成為婆婆的美鳳，吃飯時，就看不慣媳婦吃飯慢吞吞，也說出當年婆婆告誡的話：「吃飯不要浪費時間。」當她說出：「吃飯不超過五分鐘。」的原則時，彷彿聽到婆婆的聲音。

我問：「吃，對生活而言重不重要？食衣住行中，食是排在首位。不值得花費一些時間嗎？」

阿鳳姨說：「是為了不耽誤工作啊！」

接下來我聽到全場學員說著：「五分鐘！這怎麼吃啊！」「吃也很重要啊！」「趕工作連吃的時間都不肯給嗎？」……驚呼聲此起彼落。

傾聽內在的聲音

吃，能帶來我們感官層面的歡愉，因為不只有美食誘人的色澤帶來的視覺吸引力，還有香味觸發回憶，有不同的口感、或軟或韌以觸發味覺，也有刺激著味蕾的酸甜滋味。吃的過程中若能放鬆心情，再輔以音樂和笑語，則會是歡樂的泉源。

在阿鳳姨的例子中，腦中制約的聲音，並不知從何而來，只是會在關鍵時刻反射性地出現，提醒著她應該如何，或不該如何。阿鳳姨並不理解那制約是來自婆婆，直到課堂的練習中覺察到、想到自己曾對媳婦說過同樣的話，才明白當年婆婆的話似乎就是「焦慮感」的來源。

我們可以一起思考一下，情緒的來源是否與制約有關？例如：當你事情沒有做到時，或事情進展不順利時，內在的聲音是不是就會出現來提醒你，於是你會感到悲傷、憤怒、挫折或羞愧。

制約就像電腦裡內建或預設的程式，只要情境符合時就會執行，不知不覺地就會成為行為標準。

覺察到內在衝突

你應該發現到了，生活中有些規定或標準，不一定完全符合自己的需求，卻讓人無力反抗。因為當你抗拒時，會受到冷酷、否定的態度或粗暴的喝止，這些回應甚至會內化成自我批判的形式。但是，人有被關懷、肯定或友善對待的需要，即使做錯了，也希望能被善待。可是自我批判的態度會壓抑需要，然後告訴你不該有這種想法。

接下來透過與你分享一個源自印地安人的老故事，來更進一步覺察人性衝突，以及應對的智慧。

爺爺和孫子在夜裡，圍著火堆聊天。

爺爺問：「如果有兩匹狼，一黑一白。黑狼冷酷無情、否定、不信任又吝嗇；白狼友善關懷、耐心、信任且慷慨，那麼你會想讓哪一匹陪伴你長大？」

小孩說：「當然是白狼啊！」

爺爺接著說：「如果牠們都還是幼狼，你要如何讓白狼長大，而不讓黑狼長大呢？」

小孩子疑惑地看著爺爺，想了一下說：「我要養白狼，不要養黑狼。」

爺爺又問：「那你要用什麼來養，才會讓白狼長大呢？」

這個故事用白狼和黑狼代表內在衝突的兩個聲音，帶給我們的省思是，如果你希望擁有的內在聲音，是如同白狼般充滿友善與關懷的支持力量，就要像印地安小孩一樣選擇把白狼當作寵物來養大，平常就要用心地照顧牠、餵養牠，牠才會茁壯成長。

現在請你將「如何對待自己」的這個想法，當作一件能夠被觀察的事件，也就是啟動正念覺察，刻意地注意著。試著想想，當需要被幫助、關懷或累了想休息的時候，陪伴自己的是白狼？或是充滿否定、苛責以及缺乏關心的黑狼呢？

如果你的答案是黑狼，請記得黑狼不是一夜之間長大的，是不知不覺養成的。你可能在過去的許多時候，忽略或看輕自己的需要，不允許花時間關懷自己，或把自己的內在需求，以冷酷態度強壓下去時，那便是你餵養黑狼的時候。而且需求不但沒有消失，反而轉化成負面情緒，例如：焦慮感。長此以往，最後便慢慢地養大了一匹黑狼。

然而，如果想養大白狼，到底要用什麼來餵養呢？自我疼惜的態度，便是最佳解方。從疼惜、善待自己出發，衍生出的九個態度，就是餵養白狼的食物。

自我疼惜心法

「批判」會餵養黑狼。雖然評價事情的好壞、美醜、對錯與成敗……是人性的一部分，但只要「批判」的態度出現，無可避免地，就容易捲入某種情緒中，開始對自己產生責難與「批判」的心態，這就是黑狼最喜歡的食物。

不要以為「批判」應該是道德原則或是非標準。要特別小心的是，我們認定的「道德原則」或「是非標準」，可能是自我的「喜與惡」，可能是從自己很在意的「得與失」而來，也有可能是社會或家庭灌輸的價值觀，就像阿鳳姨婆家給她的「吃飯五分鐘」的規定。

因此，下次當你的負面情緒升起時，請想起哪些食物可以滋養關懷自己的白狼，哪些食物會豢養批判自己的黑狼。

那些能夠餵養白狼長大的食物，就是正念態度所強調的「不批判」，可細分為九種不同態度，這些都是白狼喜歡的食物。讓我們來體驗一下，如何餵養白狼，從以下的段落中，先選擇其中一個正念態度練習，感受一下。

這九種態度，都是一般人可以輕鬆理解的，請逐一看過後，試著選擇一個「當下我最需要的，或者是當下感到最缺乏的態度」。並刻意地將最近一件受到委屈的事，或是感受到困難的經驗，與所選擇的正念態度結合，以此重新思考你覺得的事件或困難的經驗。帶著關懷的口吻，真誠地，念給自己聽，並用心去感受字句。

一、暫不評判

在這一刻，暫時放下所有評價，不追究是誰的錯，或問題是誰造成的，或是否是自己的責任。無論事情順不順利，都請先暫停一下。不必對自己的情緒、想法或行為進行價值判斷，只是純粹地覺察心中升起的感受，無須去美化、操弄或希望它變好，就只是如實知悉，及如實覺知。

二、保持耐心

當快要被淹沒時，不強迫自己一定要堅持下去，只需吸一口飽滿的空氣，一呼、一吸；一呼、一吸；一呼、一吸。感受每一口呼吸都是新鮮的，每一口都有不同感覺，和情緒共處一會兒，下一秒，事情就會改觀。

三、保有初心

在面對困境時，即使看起來是那麼絕望，也要提醒自己「保有初心」。那是一種深層的願望，像孩子般純真、無染的心願。回到初心，當每一個讓身、心挫折的事件發生時，抬頭向虛空，便會找到方向，彷彿在茫茫大海中，了無依靠時，看到生命的北極星，為你指引方向。

四、信任自己

真心地相信自己的智慧與能力，它們只會在黑暗中、在絕境裡，才會閃露出光芒。想像一下，雛鷹第一次躍下山谷時，那種孤注一擲的勇氣，唯一可依靠的，就是奮力振翅，唯有信任自己，唯有靠自己，在那一刻，智慧、能力以及潛在本質，才會顯露出來。

五、不強求操弄

放下是順應自然的過程，不強求是對結果的接受。當感到心煩時，常常是事情的過程或結果，不順自己心意，便會生氣、不肯接受、悲傷或是愧疚。其實，我的存在不用透過刻意做些什麼來展現，當下自有和諧。只需要覺察當下正發生的一切身心現象，不強求、不去想如何改變結果。

六、接受現狀

現況或許不理想、或許痛苦、或許難以忍受，請告訴自己，我願意如實地關照當下自己的身、心，接受這無可避免的事實。會感到苦，是共通的人生經驗。不能只要好的、美的，及快樂的事。要能夠接受好、壞各半的可能，接受現狀，放下自我批判。

七、放下一切

痛苦的原因有大部分是來自「放不下」。當心中有執著時，宛如胸口藏著痛楚，總是會不小心觸及而感傷。請告訴自己：我願放過我自己，試著放下種種的好或惡，不要只想取自己所喜歡、所愛、所感興趣的。有多少資源，做多少事。形勢變化無常，盡了一己之力後，就不要罣礙。只需要分分秒秒，覺察當下發生的身、心變化。

八、感恩

生活中所有事件，其中必有因果關係，或許會讓人不是很了解，但要知道一切會發生的事，會感受到喜、怒、哀、樂，都是有原因的。生命中所發生的事，沒有一件是不必要的，遇到的人、事、物，沒有一個是多餘的，它的出現必有其因果關係，只是還不太理解。請告訴自己：我願以感恩的態度接受一切，無論美好或缺憾。

九、慷慨

帶著幾分同理，看到別人也和自己有一樣的苦難，也想要去除這樣的苦難。除了同理之外，還要願意布施給需要的人，這種願力會像迴力鏢，當你把它拋向天地，它會以同樣的方式回饋。請告訴自己：我願以寬大的心態，給予別人自己所需的，包括祝福、物資、時間和我的智慧。

以上九個正念態度就是自我疼惜的心法，你會選擇那一個呢？當你感到快被黑狼吞沒時，請使用這九個正念態度開始呼喚白狼。無論哪個態度，都能成為你抗拒黑狼的護衛或盾牌。

找回初心：是什麼把我帶到這兒？

跟大家分享一個故事。曾經有個深具意義的跨國化妝品品牌企畫，想探討亞洲媽媽們因為孩子、家庭和生活而自我犧牲，不能自我疼惜的原因。廣告以中、日、韓三種語言的版本呈現，影片主軸在問亞洲媽媽們：「是否忘記該怎麼夢想？」

影片中幾位三十至四十歲的媽媽們，接受了一個提問：「妳小時候的夢想是什麼？」媽媽們很開心地回答：「我想當畫家、開飛機環遊世界、女歌手、太空人⋯⋯」每個人臉上洋溢著發光的笑容。但她們不知道的是，這問題其實是她們的孩子在幕後提出的。

孩子繼續追問：「妳現在的夢想是什麼？」媽媽們開始遲疑起來。有一位說：「夢想變了，自己也變了。」「演員是份不切實際的工作。」「現實和夢想很難兩全其美。」「覺得自己得聽長輩的話，有些話到現在還深深地影響著我。」

孩子又問：「他們對妳說了什麼？」媽媽說：「長輩們希望我有一技之長。」「夢想不能當飯吃。」「年輕時覺得困難是可克服的，但我發現做不到。」「覺得自己很軟弱，無法改變什麼。」「我覺得不夠愛自己，可能是我現在做的並不是我真正想做的。」

孩子說：「如果不開心，可以去玩遊戲。」「玩遊戲」這個提議就像是個遙遠的記憶，突然被提及，喚起回憶的當下，媽媽們顯得不知所措。孩子繼續問著：「會玩剪刀石頭布嗎？」「會玩一二三木頭人嗎？」「會唱歌嗎？」媽媽們都很猶豫，陷入沉思。

孩子說：「不要怕，去玩啊！」

也有孩子說：「不要放棄夢想，妳做得到的。」

最後媽媽說：「身邊的人都在談工作、賺錢、養孩子，很少人再談夢想了。」

當孩子們從幕後走出來，和自己的媽媽一起玩著簡單的猜拳遊戲：剪刀、石頭、布，一邊鼓勵著媽媽：「不要放棄夢想！」從媽媽們的表情看得出來，孩子們的提問讓媽媽們一瞬間，深藏在內心的自己又活了過來。你發現了嗎？母親活下去的原因，是為了孩子、家庭。從前的夢想，為此而束之高閣。

讀到這裡，我想請你先思考一下，每個人的特質都很珍貴，你真的應該為此而放棄，不敢再擁有夢想了嗎？

我曾經播放這段影片給十七、十八歲的高中生看。問他們：「這段影片最令人感動的話或印象深刻的啟發是什麼？」這些年輕人給了我這樣的反饋：

「當媽媽的孩子對她們說『不要放棄妳的夢想時。』就感覺眼眶發熱。那彷彿是對我自己說的話。」

「印象深刻的段落是媽媽說：『小時候覺得夢想可以實現，長大後覺得自己會失敗。』」

「孩子能說出夢想，是因為沒有經過社會的荼毒，夢想還沒被打碎，價值觀會隨長大而改變。」

「媽媽為自己的孩子而放棄夢想，雖然很多人說夢想不要放棄，然『現實』與『想像』不會完全一致。」

「一位媽媽說：『感覺我不是在做我真正想做的事』。而她的孩子說：『如果不開心，妳可以去玩遊戲啊！』很多時候我們被現況困住了，忘記了可以感到快樂，暫時脫離現況的方法，也可以很簡單。」

「當我從旁白看到由她們孩子發問時，我已經感覺到眼眶裡的淚匯集了。兒時的我們因為還未長大，還沒有被現實考驗過，所以會被說『不懂事』。殊不知，小孩也能讓大人重新體會到過去的自己，重新感受多年前，同樣幼小的身影，承載了多少時間沖刷掉的童真與天然。」

「現實的打擊往往讓夢想成為曾經的幻想，讓我想到我很喜歡追求刺激，從小就很喜歡高空彈跳，我很享受那種離地的恐懼感，這為我帶來很大的自由感，從拘束且局限的土地離開，看世界的廣闊。我的存在是如此渺小微不足道。自天空俯瞰而下，我拋開所有生活的煩惱，放開了行程表的生活，這是這部廣告片給我的啟發。」

無論你現在是上班族、家庭主婦（夫）、自己經營事業、退休……或其他工作狀態，「是否忘記該怎麼夢想？」這部廣告，帶給你什麼啟發呢？我們每個人都曾有夢想或心願，但在生活洪流中，很快就淡忘了。

現在你可再讀一次餵養白狼的食物：「保有初心」（P.34）

請不要放棄夢想，再次地把指引方向的夢想找回來。

尼采說：「一個人知道自己為什麼而活，就可忍受任何一種生活。」[1]在面對困境或處於挫折時，請試著問自己：「為何我要如此辛苦而活呢？」當你想回答這個問題時，還會同時啟動疼惜自己的力量，請探索九個正念態度中的「初心」。思考一下，是什麼原因，讓你能在堅苦中努力活下去，那個原動力是什麼？請你靜下來，問問自己：

是什麼把我帶到這兒？

我為什麼會在這兒？

我來到這裡是偶然的，還是自己選擇的呢？

是因為我的興趣或基於某個信念或價值觀，所以我才會在這裡嗎？

還是因為現實的條件，讓我不得不這麼做？

或許是我也付出努力，好不容易才辛苦地走到今天。

是「那個夢想」或「那個目標」或「為了某人原因」讓你堅持下去。只有看到不受限制，帶著赤子之心，自己本來的面目時，你便會諒解自己所做一切，產生悲憫心，看到自我的價值，更愛自己。

自我疼惜是找回「我想要成為怎樣的人」的夢想初衷，無論現在如何支離破碎，請不要害怕，你值得「保有初心」。

1　弗里德里希．威廉．尼采（Friedrich Wilhelm Nietzsche，1844 年 10 月 15 日—1900 年 8 月 25 日），德國哲學家、思想家。尼采的著作中，最廣為人知的有《查拉圖斯特拉如是說》等。本句的英文譯文：He who has a strong enough why can bear almost any how. 出自尼采語錄。

COLUMN……

練習 1

探索初心

探索「初心」練習並不難，邀請你回答以下三個問題，並把答案寫下來：

➲ 第一個問題：是什麼把我帶到這兒？

➲ 第二個問題：我內在的意圖是什麼？或想要學習的課題是什麼？

➲ **第三個問題：我期望成為怎樣的人？或過著怎樣的生活？**

當你完成了這三個問題時，把「保有初心」正念態度帶到當下，帶給你什麼啟發？

CHAPTER 2

以正念視角
看見慈悲的本質

＋ 正念自我慈悲，
讓你開始愛自己

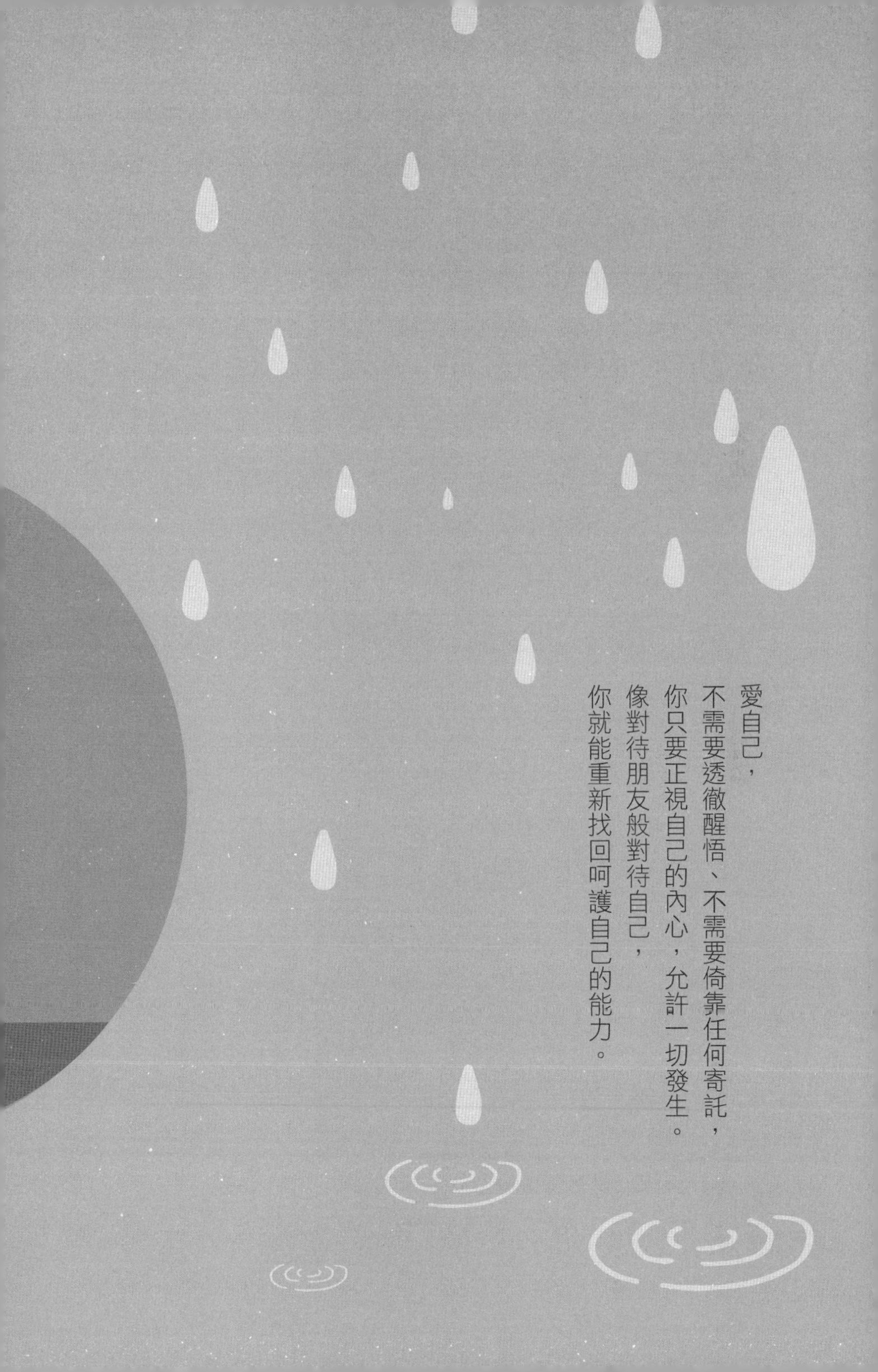

愛自己，
不需要透徹醒悟、不需要倚靠任何寄託，
你只要正視自己的內心，允許一切發生。
像對待朋友般對待自己，
你就能重新找回呵護自己的能力。

FOCAL POINT

關懷自己的一切苦與樂

看待自己的角度與方法很多，請試著以正念的視角，用自我慈悲的方式，敲開心裡應該安放自己的位置，先好好認識自己，你才知道該如何善待自己。

經過了上一章的練習，相信你已經更進一步認識了正念的概念，並理解初心與自我疼惜的重要。現在已經清楚，忙碌的生活以及長久以來的慣性與社會期待，無形中都會變成不得不的壓力，以及符合外界期待的自我期許，是不是想起了過去曾經覺得辛苦的時光了呢？

看到自己也有被關懷的需要

那麼你現在的生活中有白狼相伴嗎？是否得到關懷、受到疼惜？你是愛自己還是不愛自己呢？自我心中「疼惜」的尺度又該如何拿捏呢？我們可以試著比較一下，對待自己和對待朋友之間的態度，以及表達關懷的方法，是否有些許不同？

＋我可以待己如友嗎？

生活中多少會遇到朋友或家人遇到困難，需要幫助的時候，相信大家或多或少有過這樣的經驗，還記得當時你是如何反應的嗎？試著想想當朋友有困難時，你會對待他們的方式，如果你自己也遇到同樣的困難，需要幫助時，你又會怎麼對待自己？

在一堂「正念自我慈悲」課程中，我請大家兩兩分享，同樣是有困難或傷心需安慰和幫忙的狀況，你會怎麼對待親朋好友，又會如何對待自己？你會怎麼向他人和自己說話呢？這兩者之間有差別嗎？經過幾分鐘的討論後，請大家分享經驗。

「當別人有難，第一時間就想要安慰他們，無論多嚴重的事，希望他們不要傷心或擔心。但輪到我時，我很少想到，我需要幫助。通常我羞於啟齒，會告訴自己要堅強地撐過，也會自責為何沒做好。」

「我會對感性的朋友用理性的態度去安慰他，對理性的朋友用感性的態度去安慰他，但對我自己我總是偏理性，我不想讓自己感情用事。」

「我會對朋友說：『沒關係的，沒什麼大不了的。』但我對自己說：『你怎麼可以這樣，不可以！』也擔心自己造成別人困擾、誤解，一直不開心。」

「對別人的心態是幫助他，會先傾聽，無論他說什麼，我的口吻一定是溫柔體貼的；面對自己心態會比較要求，像希望努力或改過，更像是激勵，用『加油，下次會更好』的語氣。整體而言，我覺得對別人較好，對自己會較為嚴格……」

我問：「覺得對待別人會比對待自己寬容的舉手。」有近八成的人舉起了手。

「待己如友」的思考，為的是看到自己有被關懷的需要。或許你會以為，對待自己嚴格一點沒關係。但你可能不知道，心是會聆聽的，壓力和挫折感來自被黑狼冷酷無情對待，對自己沒有耐心、不愛、不慷慨、不接受及不信任，最後心會認為你是沒有價值的。

在正念領域中，這份待己如友的思考就是「自我慈悲」的概念。「慈」本義為「與樂」，是把快樂給他人。「悲」是「拔苦」，是看到別人痛苦，想採取行動協助他人減少或解除痛苦。用慈悲的態度對待他人同時也能如此對待自己，是正念的核心觀念之一。

✚ 自我慈悲的誤解

慈悲是人類互助關懷的心理特質。從宗教觀點來看，慈悲是「幫助別人，為人解除痛苦」，是共通的人性，也是生命存在的意義。而心理學家從心理健康的角度出發，認為「培育慈悲心智」，可以解決心理問題，治療像是悲傷、憤怒、羞愧以及慈悲疲憊[1]（Compassion Fatigue）的情緒與疾病。從生物學物種演化的角度來探討，慈悲具有生理的自我保護功能，特別是對自我的慈悲，是大腦進化過程中設計來放鬆身體與撫慰情緒的系統，用來保護身心健康的復原機能。

或許你會質疑，鼓勵「自我慈悲」是不是會和「自私自利」畫上等號？相較於照顧的概念是強調給予他人慈悲，那麼自我慈悲，會不會造成以自我為中心的利己主義（Egoism）？另外，接受自己失敗而無作為，難道不是軟弱的行為？尤其工商社會講求當責，自我慈悲會不會造成推責諉過的藉口，造成工作效率下降？

上述的種種質疑，其實都是「不可善待自己」的觀念所帶來的陰影，是現代社會普遍存在讓人不敢鬆懈的壓迫感，也在不知不覺中犧牲了個人福祉（Well-being），例如：工作過勞、壓力高漲及焦慮感……。台灣多年來一直位居世界「高壓力地區」排序的前三名，必須好好正視壓力帶來的問題，千萬不要以為壓力感無關緊要，在精神層面是心煩的來源，會造成倦怠、易怒及注意力不集中。生理的影響，則是會導致許多慢性病，如：腸胃消化病、心血管病、內分泌系統與免疫力下降……諸多文明病都與壓力有關。

因此，自我慈悲是要提醒著每個人：當你感到不舒服時，適時地給予自己關懷善意，讓自己好過一點。友善地對待自己，就像友善地對待別人，是一樣的態度。自己也一樣要給予自己關懷。

自我慈悲告訴我們：當外在環境非我所能改變時，唯有自己可以創造友善與關懷的空間。善待自己可以減壓，可以讓情緒復原，而且具有療癒效果。現在，大眾對於自我慈悲仍有諸多誤解，下列有四個誤區和大家分享。

---

1 因工作需要而與受災者、受創傷者、疾病患者等人群面對相處會造成同情疲勞，特徵是在身心疲憊影響之下失去同情心或慈悲心，變得冷漠、遲鈍、麻木不仁，它屬於一種心理壓力造成的創傷。

一、自我慈悲不會成為利己主義

自我慈悲提醒著我們人生有痛苦的一面，生而為人，苦難是共通人性。我們不必誇大苦難，但也不應該貶低或壓抑它。能夠看清苦難本質的人，在面對自己錯誤，或者並非人力可以改善的缺憾時，更能悲憫地看待。因為自我慈悲的視角是「同等地看待苦難的本質，所有人都有離苦得樂的需要」。因此，並不會發展成只專注自我之苦，而忽視他人之苦；也不會發展成刻意地放大自身的苦難，渴求別人憐憫，成為自我為中心的人。

從研究[2]中可以清楚比較「自我慈悲」和「自尊」對於處理情緒復原效果。「自我慈悲」以悲憫態度看待苦難，不會刻意地把自己價值感抬高；當以「自尊」去療癒自卑感或缺乏自我認同的憂鬱時，「自尊」雖然可以提升自信，卻容易產生以自己為中心的態度，把「我」、「我的」以及「我所有的」東西或象徵，當作一種高貴尊嚴，這雖增加抗壓性，提升情緒的復原力，卻有可能產生「我執」的副作用。「我執」（Self-attachment）是一種執取，會帶出自我（Ego）不可被侵犯的形象，當受到打擊時，會產生反擊或捍衛的行為反應。

慈悲的力量是不分親疏地和眾生置於平等地位，知道每個人都需要離苦得樂，不會自我執著，認為自己的重要性或地位高於別人，以居高臨下心態，認為比別人需要更多關懷。曾經有研究也證明，在面對困難或棘手挑戰時，強調自我尊嚴的對照組會更看重成敗與得失，以及外界眼光所給予自己的評價。相反地，學習自我慈悲者反而能夠觸及自我內在需要，放掉得失心，具有更高的抗壓性，及增強悲傷和挫折中的韌性或復原力。

二、自我慈悲不是缺乏勇氣

自我慈悲的視角下，苦難反而具有緩衝功能，它不是軟弱的藉口。尤其當自己正處於撞牆期或逆境時，如果沒有足夠的智慧去判斷，提供困難緩衝空間，一味地盲目勇敢，精力很快會在衝撞中耗竭，終被壓力所淹沒。因此，**自我慈悲不是軟弱與不作為，而是加入智慧的勇敢抉擇。**這種體悟帶著無比的勇氣和

---

2 自我慈悲與自尊研究：發表於美國《心理研究與行為管理，Psychology Research and Behavior Management》有篇〈自尊與自我慈悲，在心理問題和幸福感研究，透過文獻回顧和大數據分析。Self-Esteem and Self-Compassion: A Narrative Review and Meta-Analysis on Their Links to Psychological Problems and Well-Being〉報告由 Peter Muris 和 Henry Otgaar 所發表。

決心，宛如了解四季變化哲理，春耕、夏耘、秋收及冬藏，不強作為更勝於躁進，慷慨地給予自己空間和時間，等待春暖花開的復原力量。

三、自我慈悲不是失敗者的逃避行為

研究證明，當人犯錯或失敗時，若以批判態度對待，比起給予諒解和答辯的空間，更容易產生逃避行為。自我批判的態度，會產生自責情緒，甚至滿懷罪惡感，為了讓情緒有出口，反而更容易以逃避因應。

自我慈悲是給自己身心復原所需要的空間，選擇長期堅持下去的目標，而非短期的情緒發洩。這會使生活變得更健康與平衡，面對困境依然可以堅持行動力。

心理學家常建議家長，對於面對失敗或挫折的小孩，以鼓勵會比批評更能激發孩子學習的熱情，我們也可以如此對待自己內在的小孩，自我慈悲的鼓勵則是長期不放棄的信心，以及面對困難處境時仍能堅持下去的原動力，絕不是失敗者逃避的行為。

四、自我慈悲不會降低工作效率造成社會傷害

一般人認為採用獎懲，追責歸咎的管理方法，會鞭策組織中的個人更加努力追求進步。相反地，採用自我慈悲的方法，會對錯誤過於寬容，產生工作效率下降的情況，無法激勵團隊進步，也會破壞社會的和諧或秩序，這是似是而非的看法。自我慈悲是更深層地，由心發出，而非外在強加給自己正面的激勵方式。透過自我慈悲的激勵，會讓自己無畏失敗，且願意承擔，因為這是由心而發的意念，當有進一步挑戰的機會時也會更珍惜。

自我批判和自我慈悲，都是透過語言表達來傳遞，兩者看起來很相似，但卻有著截然不同的作用。自我慈悲代表一種勇氣與對自己的承諾，會激發大腦中處理關愛的連結部位，啟動撫慰情緒系統。而批判性的激勵法卻會適得其反，它會刺激大腦中處理痛苦的部位，產生威脅的情緒。在團體中，每個人內心聆聽著溫柔語氣和友善口吻，更能激發團隊產生最大的工作效率。

正念狀態中的慈悲本質

慈悲是正念覺察過程中的隱性本質，從學習正念第一天開始，它就一直存在。

覺察過程會感受到負面情緒，但是正念「不批判」的態度，可以避免思緒落入二元對立中，不過負面情緒仍然會存在，因為情緒出現或消失是無法控制的，無論你感受到是愉悅或不愉悅，這些喜、怒、哀、樂是情緒的本質。

「不批判」會讓你產生中性的自我覺知，以旁觀者的態度，溫和地體驗情緒。相反地，帶著情緒的「批判性」，即便以理性思考或運用邏輯來分析看待，實則會捲入更多情緒。無論如何，即使批判暫停了，情緒波動仍會再次打擾你，不愉悅的殘影會再次讓負面情緒出現。

以前一章提到的阿鳳姨為例，如果只有覺察到焦慮，雖理解它來自於批判，但仍不時會對自我有所責備，這時就需要帶入慈悲心，因為「慈悲」會平衡「不批判」後的負面情緒。

如果沒有「不批判」的態度，或暫時地中止情緒捲入，正念很難保持中立，客觀的覺察力難以出現，特別是處在強烈或痛苦的體驗時，慈悲則帶入另一種撫慰清流，它會調和人我之間對立的視角，感受到身而為人都有的喜樂與苦痛。

「自我慈悲」展現了慈悲的能力：不只體諒與諒解別人的痛苦，對自己而言，會接受自己的喜悅，待己如他人，去關懷與拔除苦痛。苦是普世的人類皆有，別人也和我一樣，也想離苦得樂。**自我慈悲和慈悲他人，是一體兩面。一體是共通的人性，都想要離苦得樂，兩面是自己和別人具有同等價值，需要同等地被看重。人、我兩者雖對象不同，但都同為人類，慈悲實無尊卑與輕重之別。**

慈悲是一種深邃地體驗，或稱之為「慈悲心緒」，它和正念覺察中「不批判」態度結合，產生「具身體現」（Embodiment）行動力。「具身體現」是指「需和身體連結，從行為舉止去實踐它」。但要怎麼做呢？

慈悲含有善意、接受和感恩的特質，正念訓練在設計之初，以「不批判」為主軸，帶出七個延伸正念態度。在經過多年之後，為了彰顯慈悲特質，再加上「感恩」和「慷慨」兩個正念態度，這兩個特質連結了慈悲與行動力，是能夠身體實踐的練習。

從當代正念的實踐角度出發，「自我慈悲」心緒的養成，可以藉由連結「不批判」、「感恩」及「慷慨」三種正念態度來進行有效地練習。

✚感恩，每一天所遇見的人

感恩會激發的正面情緒，包括：友善、信任、關愛、和諧、希望、寧靜及安全感等，同時身體也會放鬆，讓呼吸和心跳透過副腎上腺素的分泌，感受到被撫慰的情緒。

感恩會看到每個人都有美好的一面，但不會忽略生命中同樣都有的苦難、陰影。感恩的心所產生人與人的連結，也常用於正念學習的最後結尾，它提醒我們，去感恩自己、他人與世間萬物。

如果沒有刻意練習，感恩很容易被忽略，更多時候，會被視為理所當然。你接受別人服務時，會認為付錢得到的享受是應該的，但感恩的心是柔軟的，會看到人我共同付出的辛勞而心懷謝意。

有位年輕人，他因不明原因的肌肉疼痛在家數年，透過網路查到正念可以緩解疼痛，抱著很高的期待來上正念八週課程。課堂上，我提到正念態度中的感恩。他以質疑的態度反問有什麼要感謝。他說：「感恩是虛假的情意，本來就是自己應負的責任。」我舉例，以他因疼痛而無法出門，多年來，母親不辭辛勞，每天為他準備午飯。問他：「難道你不覺得母親為了讓你吃到現煮的飯菜，中午天氣那麼熱，特別從辦公室離開買好午餐，再帶回家給你吃，不值得謝謝她嗎？」他說：「那有什麼呢？這簡單的事本來就是她應做的。」

若是所有事都帶著批判的態度，反應在身心狀態下，便會身體僵硬緊繃，情緒處於憤怒怨恨，疼痛無法緩解。

感恩是白狼的特質，是需要刻意培養的，大衛．使達修士（Brother David Stienle-Rast[3]）的《天天是好日》（*A Good Day: A Gift of Gratitude*）書中提及感恩，對身處於絕望中的人，宛如一

3 Brother David Steindl Ras（1926 年 7 月 12 日出生於奧地利 維也納）。天主教聖本篤修會 Mount Saviour Monastery 修士。他參與佛教與基督教之間的對話，曾向多位禪師習禪，包括安谷白雲禪師、中川宋淵禪師、鈴木俊隆禪師及嶋野榮道禪師。本段出自《A Good Day: A Gift of Gratitude》一書由 Br. David Steindl-Rast, OSB 與 Louie Schwartzberg 協作。

道撫慰清流。我將他睿智的文字加以濃縮，部分改編如下：

你以為今天只是生命中的另一天？不是的。

今天是特別給你的一份禮物。

同時是你目前唯一擁有的禮物。

因為今天所發生的事可能是第一天，

也可能是最後一天。

怎麼回應這一天呢？

你除了感恩之外，別無他法。

抬頭看看天空，天上雲的變化，

通常只關心天氣，好天氣，壞天氣，

忘了永遠不會再重複的雲彩，每一刻都在改變。

睜開眼睛看看這世界，

春天的山櫻、秋天紅楓林、青山倒湖影，芒花留著霜痕，盡入眼簾。

打開水龍頭，用手觸碰一下水，

溫水、冷水、雨水，從河流、山川、大海，匯集掬起手上的清涼。

看一下周遭的人們，

老人、年輕人、嬰兒，他們的笑靨和悲傷，以及他們背後的故事，在此刻與我相遇。

以無限感恩的心去接受，祝福你所看到、所聞到、所接觸、所聽到。

用你的笑容、愛語、溫暖觸摸，去回應這一天。

只要有你存在，就慈恩滿溢。

今天是神聖的恩典。

你可以融入感恩的態度，輕聲地念給自己聽，去感受它帶來的療癒力：

感恩嶄新一天的來臨，因它不一定再來；

感恩看到的景色，那是生命珍貴的禮物；

感恩每一口呼吸，這一刻才是真正活著；

感恩周遭人們或未曾謀面的人，共同成就了日日是好日。

✚ 慷慨面對世間缺憾與不圓滿

慷慨代表一種意願和行動，將善意或悲憫透過布施來表達，和感恩同為慈悲的特質之一。

人我是互相依存的因果關係，自身所擁有的一切，無論是物質條件，幸福與快樂或智慧能力，皆有受惠於眾人之處，也可與他人共享。理解到生活幸福不是我一人單獨發展出來，社會的和樂更是眾人努力促成。用這種態度對待他人，也用來對待自己，讓自己感受好一點，在困難時自我照顧，失敗時不吝於安慰與鼓勵，就像對待他人一樣。

海邊有很多海星被浪花沖上沙灘，等到退潮時，太陽會將海星都曬乾。一位年輕人看到，拾起一隻隻的海星，奮力地把牠們拋回大海中。海邊的另一個人對年輕人說：「這是徒勞無功。等一會兒漲潮，大浪就會再將海星沖上來了，每天都一樣上演著這一幕，這麼做是沒有用的。」

年輕人回答說：「我知道這是沒有用的，但對於每一隻被我拋回大海的海星，就有了重生的希望，對那一隻海星而言，這份解救就是全部。」

世間缺憾，任憑一己之力，是無法挽回或改變的，為何這位年輕人明知其不可為而為之？並不是不理解這道理，更深刻的體悟是，如果你曾經被幫助過，曾經是那其中一隻擱淺在沙灘，又被一位好心人拋回大海的海星，你會深信，每個慷慨行為背後，都會帶來正向的影響力，像是迴力鏢一樣，回到自己身上。

慷慨布施是一種慈悲的行動力，要像此刻不做，就再也沒有時間做了般看待。在那一刻，洞悉到別人的需要，實現慈悲的行為。

給予，無論是意願、愛語或行為，
就像是向天發出的迴力鏢，
不單是有益於他人，
也將回到自己身上。

看人快樂，與之同歡，
見人苦痛，與之共苦，
今天所遇的人、事、物，
待之以悲憫與寬容。

✚ 注意力訓練的技巧

正念覺察力包括兩部分的學習：一是刻意地「融入正念態度」，二是鍛鍊注意力的技巧。

融入正念態度時，當下情緒雖還在，只要調整看待事情的視角，情緒會處於中性狀態；注意力的技巧在於調整當下身心狀態，讓紛飛的心安定下來，帶出覺知的清明透澈。這兩種能力需要同時施展，宛如鳥飛翔的雙翅，若無法同時展開，飛起來後，很容易失去平衡，無法達到一定高度。

注意力有以下幾個特質：

一、總是心不在焉

你可以很快體會到，現場如果沒有吸引人的東西，你的注意力就會很快飛走。研究發現，成人能夠刻意維持專注的時間平均是十五分鐘。但微軟公司的研究，單一專注的時段，平均是八點二五秒[4]。可見心無法專注當下是常態，心不在焉是注意力的常態。

二、注意到自覺重要的事或關心的事

想著心愛的人、關心股票、令人在意的負面情緒、危急存亡或聳動的事，有時也會是開心或是具娛樂性的內容。

三、注意力會反芻

有些事情已過了，但注意力仍會一再駐足，會來來去去，反覆思量。例如：晚上十二點要睡覺了，但思緒卻把你帶到早上與同事吵架的場景，這讓你覺得受辱，越想越氣，越氣越想，一再地反覆，於是睡不著。

四、注意力會自動導航

聰明的大腦也會編故事，它會自己模擬故事，加油添醋、自編自導自演。這個功能是理性大腦灰質和白質的思考區，具有分析、模擬與邏輯思維的能力。它透過情緒加溫，而演繹出自認為合理，但非一定真實的劇情，並信以為真，情節就像一輛自動導航的車子一樣，導向未知的情境中。

卡巴金在正念的定義中，提到「專注於當下」（Paying Attention on The Present Moment）是一種特殊狀態下的注意力，它起於「刻意地」（On Purposely）引導注意力從紛飛的思緒

4 引用自彼得・霍林斯（Peter Hollins），出自其著作：《超強記憶學習法，Super Learning》一書。

中，回到注意焦點，而這焦點就是現場的狀況，或任何要覺察的對象。有點類似「逗貓棒」的作用，只需要用一片羽毛，綁在繩子末端，貓的注意力會被羽毛所吸引，而去抓它。

其中的關鍵字是「刻意地」，沒有刻意地、勉強及堅定地去引導注意力，注意力不易聚集，正念訓練也不會發生效果。

接下來我們就用五個步驟來說明正念的訓練：

➲ 第一步：選擇心的護衛，從九個正念態度中挑選

在練習覺察時，從九個正念態度選擇其中的「不批判」態度。把它帶入以下的練習中。每次的練習都可用一種或多種正念態度，在練習過程中隨時提醒自己。因為注意力的特質會讓思緒紛飛，不做提醒的話，最後會忘了當下的事物。

正念態度會在注意力出現狀況時，溫柔地對待所生起的感受，像心的守護天使，並溫柔地把注意力拉回到當下。

➲ 第二步：訓練專注於一個焦點

訓練覺察力先要從訓練專注力開始。要讓自己的注意力，像貓專注於逗貓棒上的那片羽毛一樣，將這片羽毛想像成自己身體的某個部位，例如：鼻頭，我們稱為「注意焦點」。先是靜止不動的羽毛。讓注意力熟悉這個位置，並可以穩定停留，不易亂飄移。之後，我們將移動這個「注意焦點」，一會兒往左，一會兒往右，訓練注意力專心地移動，不會因為外界的動靜而分心。

當注意力可以穩定在「注意焦點」，例如：自己的肚臍，注意到它會隨著呼吸的律動起伏，去覺察與呼吸律動存著某種關係：當吸氣時，肚子會膨脹，當呼氣時，肚子會收縮。

➲ 第三步：擴大注意焦點從點到面

進而覺知到完整的呼吸機制，是從鼻頭到腹部，流動的感覺，如前述注意力特質所說，它會一再地分心到情緒或其他的事情中。

練習的開始，你可想像一個畫面，「注意力的焦點」宛如一朵花，而「注意力」就是蝴蝶。注意力的蝴蝶會去親臨花，我們稱之為「蝶緣花」。蝴蝶不是貼在花上，而是時而沾臨，時而分開的意象。可以把身體的肚臍當作一朵花，引導注意力去「緣」花，而不要去「緣」不在現場的事，例如：過去故事或未來將發生的事。也可進一步地把整個身體當作一株開滿小花的樹枝，比如說是櫻花或梅花，引導注意力的蝴蝶，去「緣」身體的每一朵花，帶著耐心的態度，逐一地覺察身體的每一個部位，並擴及全身。

➲ 第四步：停留拉長在焦點的穩定度

這種訓練方式，可從一分鐘開始，例如，「注意力的焦點」就先放在呼吸的鼻頭上。

保持耐心，把時間拉長到三分鐘，

再保持耐心，延長到五分鐘。

如果注意力跑走了，就刻意地再把它拉回來。慢慢加長時間，一直到二十分鐘或更長，好像在馴服蝴蝶一樣，一步一步，帶著控制力，讓意念到哪朵花，蝴蝶就到哪朵花，不讓牠隨意地在花園裡亂竄。

你可以想像一下，花園裡百花盛開，有帶著過去一件件的故事，有等一下要去忙的待辦事項，這些花可能帶著情緒的香味，足以吸引蝴蝶駐足。一旦你分心了，思緒就不在當下的現場，而飛到過去或未來。

➲ 第五步：訓練注意力作為情緒的警報器

那些紛飛的念頭或心煩出現時，不是要放空，反而建議你要注意到它們，記得帶著正念不批判的態度，改變自己和心煩之間的關係，找到一個與煩惱共處的方法，讓自己即使煩惱出現，仍能安然地面對。

專注當下是大腦「刻意」的鍛鍊，要是發現思緒紛飛了，要有快要被情緒帶走了的覺察，即時按下「暫停健」，給自己一個正念態度的提醒，例如：不批判態度，就像守護天使出現，把心拉回現場。

鍛鍊注意力宛如為自己打造一個「分心警報器」。這和瘦身時每天勤量體重，體重計是不可缺少的，「警報器」概念也是一樣。心理變化沒工具可以測量，注意力的覺察，就是心理的體重計。當注意到思緒反芻，或開始要自動導航，情緒快失控的當下，即時地「刻意」帶入正念態度，例如：不批判，引導思緒避開，不讓自己掉入心煩之中。

苦難的累積與轉換

注意力提升所帶來敏銳的覺察力，宛如正念的「警報器」，讓你看到生活中無所不在的苦難。當感受到深邃的孤獨，或是痛苦排山倒海般來襲，你可以試著問問自己：

我出了什麼問題？
是我才會這樣嗎？
我做錯了什麼？
是我被詛咒的命運嗎？

覺知到「困難事件觸發的情緒」是很重要的。更重要的是看到心理傷痕是痛苦的第一枝箭；以及後續的想法和認知疑問所產生的自我批判性聲音，就是射向傷口的第二枝箭。

第一枝箭可能是源自於外力，像是被別人或一件事所傷害；第二枝箭的漣漪效果，則是自己想法和認知所造成的傷害，傷害程度可能更甚於前者。

苦難可以歸納成這樣的公式：苦難＝痛苦 × 對抗

痛苦是第一枝箭。苦難是因為無數次的自我批判，或頑強對抗痛苦所造成的第二、三、四與無數枝射向傷痕的箭。痛苦無須排斥，也不是渴望它走開，正念轉化方法是改變與它連結的方式，和苦痛建立新的關係。如何轉化苦難呢？只要不受第二枝箭的傷害，也就是停止對抗。

✚ 對抗與轉化過程

「對抗」不只是心理上，同時也需要身體一起反應。正念透過覺察力，感受到身體和情緒的對抗感。當面對苦痛時，內心的轉化有五個階段的轉變過程：

可以先想像自己家門口，有一位客人來敲門。這位客人看起來很狼狽，看得出來長期沒有休息，身體發出陣陣的惡臭。

他態度不友善，而且想要硬闖進來……以此為具體的痛苦範例，來嘗試理解與練習。

一、對抗

我的反應是馬上把門緊閉鎖上，為了對抗他強闖的蠻力，我還會搬家具擋在門後，並用責罵或喝斥語言來驅趕他，死命地不讓他進來。同時身體會有僵硬、抗拒或呼吸急促的反應。

二、探索

稍喘口氣，從門縫或窗戶觀察他，他似乎處於哀傷、沮喪或憤怒的情緒，如果可以暫停不加以批判他的外貌，或許能漸漸理解他的行為，減少對他的嫌惡感。

這時自我慈悲就會產生關懷力量，開始思考哪裡可得到幫助？例如，求助於朋友，傾訴困境，或先想好好地壯大自己，吃好、睡好、精神飽滿地來面對這個客人。

或許可以把家具移開，打開一點門縫，讓客人慢慢地進來。

三、容忍

讓不受歡迎的客人進來，需要更大的勇氣。這時你或許寒喧幾句，讓他留在客廳。若仍覺得需要確認自己處在安全的情境時，隨時可以再把他趕走。

四、允許

自我慈悲的力量更為強大時，比較有能力控制情緒。或許可以邀他坐下，為他泡一杯茶或咖啡，並準備一些點心。或許也可以友好地聊聊，聆聽他想要表達的。

五、全然地接納

當有更多的觀察和理解後，你知道他並非壞人，理解了他充滿悲傷或是滿懷憤怒的原委，你選擇諒解他，甚至願意在家中給他留有一個專屬的空間。

自我慈悲要達到「全然地接納」，不是短時間可以做到，可能需要幾天，幾個月，一年，甚至好幾年。如果你願意的話，請開始在心中留下一個空間，這是專屬於自己的珍貴空間。苦難是自己最為珍貴的寶貝，我願提供它療癒的時間和空間。

莊子曾經說過一個故事：

孔子有一天和弟子在一道壯麗的瀑布旁遊賞，那裡水流湍急，突然看到一人跳入水流中。孔子大驚，以為他要尋短。眼見狀況十分危急，孔子趕快派弟子去救他。但只見那人漂流了數百步的距離，卻自己唱著歌，毫髮無損地爬上岸。孔子看他游泳這麼厲害，就向他請教游泳的方法。他說：「其實也沒什麼，我就順著漩渦沉到水中，跟著湧上的水流浮上水面，我順著水勢，不做任何對抗，這就是我的方法。」

這是出自《莊子》〈外篇達生〉，說的是「通達人生」的道理。意指面對人生激流，順其自然，讓身體隨著流水做出擺動，放鬆而不對抗，一則阻力可以減到最低，二則內心不強求結果，反而是順勢「為所應為」。

COLUMN……

練習 2

即時地「自我慈悲練習」

面對苦難的時刻，當下的自己正受著苦楚，困難的情境仍然存在。請帶入「接受現況」的正念態度，感受痛苦。不去抵抗它，讓這種苦浸滿全身。苦難是人性共通的，生而為人，無法避免苦難。請對自己說：

我不是要解決問題或改變現況，而是開始對自己好一點。

帶入「感恩」的態度，投射向自己。你可以選擇以自己心窩的中心點（心輪），感受到感恩自己的溫暖，並想像以一道粉紅色的光芒注入身體。感受到力量並讓當下的自己更強壯，讓自己與那些淹沒性的情緒共處，感受苦難在經過溫暖後，漸漸被融化了。

帶入「慷慨」正念態度，告訴自己，我要慷慨地善待自己。讓事情回到原貌，不操控它，不強求改變的結果。因為我知道自己的價值，我是被需要的。

當在進行悲傷的即時地「自我慈悲練習」時，或許正念的對立面會暴露出來，亦即當自我關懷打開心房時，那些積壓在內心深處的痛苦會一擁而上，這會令你感受到難以忍受的苦楚。這種情形可以用「回燃」或「回火」（Backfire）來比喻，指的就是「當不愛自己時」，練習「自我慈悲」所產生的後座力。

當「回燃」產生時，請理解它的對立原因，並接受這種力量。建議你轉換一下注意力，你可以：

一、暫停一下。

二、調節一下情緒。

三、把注意力轉到外界的物體，例如：出去散步、音樂、喝茶、逗寵物。

然後讓善意的光芒徐徐地注入，用你的耐心靜靜等待。舊的傷痛會慢慢轉化，也請你仔細體驗舊傷轉化為新生命的歷程。

自我慈悲釋放仇恨

憤怒，是最常見的情緒表達，當付出沒有被公平地對待，或是受到惡意語言或行為攻擊，身體及情緒受到傷害，憤怒就會產生。它是心理的防衛機制，用來測試自己的價值底線，維持心理健康、平衡。憤怒的原因很多，共同的都是帶著反擊回去的態度或行為，以護衛自己的價值觀或受傷的心靈。

舉個例子，花子在經過了二十多年後，仍不願原諒她的前夫，當愛已逝，隨之而來是苦澀的恨意，一直延燒到下一代。

花子還是一位很有主見的母親，她以保護為由，安排高中女兒的所有生活細節，包括為她選擇學校，交怎樣的朋友，甚至為她定義未來可以走的道路。從孩子小時候開始，花子就告訴孩子，她的父親有多可惡，拋棄了她們跟別的女人走了，是她辛苦地扶養她長大。

直到花子接觸到正念課程，在一場「身體掃描」（Body Scan）[5]的練習時，自覺到胸中充滿了憤恨，一生的不幸，永遠

5　身體掃描（Body Scan）是將注意力帶回身體的一種練習，讓自己和身體有更多連結，便是身體發出的訊號，可以放鬆甚至可以提升睡眠品質。

無法釋懷的感情，非讓對方受到同等痛苦不可。這種想法和念頭一直在心中燃燒。

憤怒的能量很大，足以創造，也能摧毀。

當它導向外部，會造成衝動行為，在極端的情況下，具有十足傷害性；當它導向內部，會轉為自我批判的驅動力，帶著恨意與苦澀，是一種堅硬的情緒，纏繞自己。

導向外部的憤怒感有可能是隨機的，只要刺激原因一消失，就釋放掉了，來去都很快。但它具有十足爆發力，會傷害人際關係，也會激起對方反擊，彷彿是拾起炭火，扔向對方，最後也會傷害到自己。例如：有一種現代很特別的名詞，叫「路怒症」（Road Rage），是指開車時，因交通阻塞而產生的壓力感，這種自主性的強烈挫折和壓力，猛烈程度叫人吃驚，會產生攻擊性行為，例如：槍擊或打鬥，造成嚴重意外或交通事故，傷及無辜的乘客。

導向內部的力量與情感的傷害有著深層連結，會延續較長時間，但是外表不顯著。花子因對前夫的恨意，不但自己過得不快樂，也灌輸孩子偏頗的兩性關係觀念，像「和同學交往要小心」「男人都是騙子」「結婚會被背叛」等。長期自我傷害外，也把憤怒延伸到下一代。強加的價值觀對正值青春期的孩子產生無比的壓力，並以情緒勒索限制交友和社交活動，終造成母女關係的惡化，對前夫的憤怒感在毫無知覺下，竟過了二十多年仍走不出來。

有個為小朋友解釋憤怒的故事，名為「情緒怪獸」，故事是這樣的，有位國王常常外出，不是忙於國事就是去度假，他的王宮有一天來了一隻怪獸。這是一隻充滿憤怒的小怪獸，當牠敲門想進入時，王宮的警衛看到這個又髒又醜的小怪獸，開始驅趕牠。「你又髒又醜，討厭鬼。不准進來，快走開，這裡不歡迎你！」

隨著每一句無情話語的刺激，情緒怪獸長得更大且越來越暴躁，也變得更加面目猙獰。最後牠大到足以撞開王宮的大門，闖入王宮。這時更多的警衛加入，大家不但用言語恐嚇：「你這討人厭的傢伙，高貴的王宮你不配進來，你是受詛咒的，快走！」並用棍棒或暴力企圖把牠趕走。隨著更多無情的語言和火爆的動作，怪獸不但不離開，反而變得更大、更有力量。

最後，怪獸打敗了所有的警衛，坐上國王的寶座，成為王宮的主人。

這個童話故事中的國王就是你自己，王宮的主人是你，但因為憤怒，讓怪獸成為主人，占據了王國的寶座，成為實際的主人。但這時國王不一定會發覺，因此我們更需要學習如何覺知、接受和釋放情緒，釋放這頭怪獸，重新找回國王的寶座。

✚ 四步驟釋放憤怒情緒

➲ 第一步：找回國王，覺察王座已易主

國王也代表著自我覺知。國王可能忙於外面的事，無法覺察到自己王宮正有問題產生。不是無視它，就是不自覺有什麼問題。因此對怪獸大聲敲門的聲音「咚！咚！咚！」會完全沒聽到。

當無法覺知憤怒情緒存在時，會覺得憤怒是正常反應。就像「路怒症」或是任何暴怒情緒一樣，你會反彈這種壓力或挫折感，進而有衝動行為。無法覺察憤怒也像花子的情傷一樣，

曾被男人傷害過的恐懼念頭，轉化為人生的價值觀，而那看不到的憤怒感，在自己人生中產生長期破壞力。

自己必須是情緒的主人，覺知情緒存在時，可以決定自己要將憤怒釋放出來，或是讓理智出頭，減緩憤怒。

「情緒管理」從不是在控制情緒，而是覺察情緒的出現。「覺察情緒」對所有不同型態的憤怒感，都具有釋放的第一步效果。

➲ 第二步：接受情緒怪獸的存在

當憤怒進到心中，深化成為批判力量，故事中的「無情地驅趕或惡毒的語言」，助長了憤怒怪獸的氣焰，牠會因這些力量而長大。到底要怎麼做憤怒的怪獸才會縮小或離開呢？答案是：接受情緒的存在。

我們可以試著選擇九個正念態度中的任何一個。例如，以「接受現況」或「無為不強求」態度，接受情緒的現況，就是帶著自我覺知，理解自己正受到憤怒情緒怪獸的主宰，憤怒已成為我的主人，讓我的人生無法幸福。

接受現況，並不是很容易，除非你發現到身體因為憤怒而僵硬；念頭因憤怒而對人或世界產生不信任感；每天都在情緒的谷底，不能感受生命的歡樂。這時要允許身體、念頭和情緒的出現，接受闖進來的怪獸在自己王宮的現況。不是要去把它驅逐或是掩蓋、操弄這些感受，也不需要期待感受可以變好，只是接受它，讓憤怒在自己身體自然地來來去去。

你還記得：苦難＝痛苦 × 對抗。你只需要接受現況並放下一切。

接受現狀：接受好與壞的各種可能性，接受現狀但放下自我批判。

放下一切：盡力後就不要罣礙，分分秒秒地覺察當下發生的身心變化。

讓傷痕如實地存在，有一就一，有二就二，不去增加它或創造不實的感受。

➲ 第三步：釋放對抗情緒

讓自己擁有安靜的空間。你可以站著，讓自己在這一刻，如實地感受自己的身體、想法與念頭。我們就按照拳擊的規則來，當對方出拳時，你會迎向前去被打，還是隨著對手的出拳方向閃躲？請讓身體自在地搖擺，來做這個釋放對抗的練習，透過身體去感受情緒釋放的感覺。

➲ 第四步：檢視是否有未被滿足的情緒需求

憤怒的怪獸為何而來呢？
這是哪種情緒沒被滿足？
是什麼我最珍貴的東西被傷害了？

自我探索的過程，會讓以往疼痛的情緒再度出現。那些深埋在潛意識中，刻意避開的痛苦，現在反而要把它拉回來，這無疑是很殘忍的。我們試著以九個正念態度作為保護，選擇「暫不批判」、「保有初心」、「信任自己」、「保持耐心」或「不強求操弄」中的一個態度來練習，它可以幫助自己，度過最困難的時刻。

- ✓ 暫不批判：不用去美化感受或希望它變好，就只是如實地覺知它的存在。
- ✓ 保持耐心：和自己的情緒和平共處一會兒，或許下一秒事情就會改觀。
- ✓ 保有初心：抬頭望向虛空，茫茫大海了無依靠時，你會看到生命的北極星。
- ✓ 信任自己：唯有信任自己，在這一刻，智慧、能力與潛質，才會顯露出來。
- ✓ 不強求操弄：覺察當下發生的一切身心現象，不強求想要達到的目的。

當你認識自己內在世界，你才知道如何面對他人，如何表達自己。當認清自己的需求之後，更容易以堅定、溫和方式表達自己的需求，而不是以憤怒的方式回應。或許你的情緒仍充滿憤怒，那麼接下來的練習，將帶著你體驗如何透過火來燃盡憤怒。

COLUMN……

練習 3 柔軟如水的韌性

想像自己的身體變成激流中的水草，輕盈地隨順流水（如果你可以的話，身體也跟著水流的節奏，自在地搖擺）。

身體若是被來自前面的力量打到就往後退，從背面被推就往前倒。

沒有抗拒的念頭，讓它充滿我、穿透過我、浸潤我。

情緒任它來去，無論憤怒、痛苦、悲傷，讓它自在來去。

身體搖擺練習時，當感覺不好時，去體驗這種不好感覺。不要消除、美化、操弄它或期待感覺變好。

心中只要有所期待，就會產生對抗，苦難會隨之而增強。

COLUMN……

練習 4

燃盡憤怒之火

給自己一段安靜的時間，在身體上感受憤怒情緒，特別是胸口，那是一種空洞、無法填滿，受傷的感覺。以暫不批判的態度與這種感覺共處一會兒。把憤怒想像成一道赤熱的光，像火焰，它正在胸口燃燒著，那是一種什麼樣的感覺？觀想熊熊烈火，就讓它自然地燃燒著。

火總有燃盡時，火焰漸漸地燒掉了你的憤怒能量。當它熄滅時，去感受火後重生的溫度。那是一種帶有餘韻、溫柔的感受，感覺「正念九個態度」中的任一個態度融入其中。

現在，我們來看看王宮裡的怪獸。當聰明的國王回到王宮，看到占據寶座的憤怒怪獸時，他以慈悲的口吻對待牠，怪獸於是逐漸縮小了，最後國王奪回了寶座。

當面對自己心中的負面情緒時，請以下一個練習：「慈悲短語」來和自己對話。以花子為例，看著這個讓她憤憤不平的情緒，以溫柔的語氣對它說，事實上也是對自己內在那受傷的小孩說話。

COLUMN……

練習 5

慈悲短語

接續上一個練習，花子面對情緒，可以對自己說：

長久以來，妳的勇氣，以及這麼長的時間仍不肯妥協的毅力，給了孩子一個溫暖的家，讓她快樂地成長，成為健康聰明的孩子。

或許，妳可放下重擔，重新尋找自己的幸福和成長。放開心胸。感受溫和陽光下的生命。妳是被所有人需要，被所有人所愛的，我們可以重新開始，去體驗新的生命，用剩下的時光，再次夢想。

這是一段最珍貴、最美好記憶，我真誠地期許，試試打開心扉，迎向光亮，我會永遠支持妳。

九個態度中，可以用「感恩」與「慷慨」，依次地帶入，融入自己內心。你可對自己輕聲地說：

我願以感謝的態度，去接受一切，無論美好或缺憾。

我願以寬大的心態，無私地愛自己，慷慨地給予所需一切，一切都可得到滿足。

在一個安靜的空間，讓心靜下來，透過呼吸的方式，自他交換[6]「感恩」與「慷慨」。

吸氣時帶入感恩態度（可以念著「感恩」與「慷慨」的慈悲短語）。

吐氣時釋放出內在情緒（憤怒、恨、悲傷或複雜無法言語的挫折感……）。

持續地做一分鐘。

再次地透過呼吸。吸氣時帶入自我慷慨（念著上述的慈悲短語：我願以寬大的心態，無私地……）。

吐氣時釋放內在的情緒（感受自我冷酷、自我批判、自我可憐……）在這一刻，被吐出去。

持續地做一分鐘……

完成之後，先不用急著問它是否有效。這是一種正念態度的延伸，可以用在日常生活中，把正念態度以呼吸的方式，做自他交換。一段時間後，你將會發現，強烈的負面情緒，因此而漸漸淡化。

6　自他交換：又稱自他相換法、自他換。源於藏傳佛教的慈悲心修行方法的原型，透過一呼一吸的方法，觀想代眾生受苦難。

CHAPTER 3

感受內在變化，療癒情緒

＋ 發展慈悲心智的方法

正念是一把鑰匙，讓你開啟回望自己的那扇門，
慈悲是一盞燈，讓你重新看見自己的初心。
跟著練習，一步一步前進，培養慈悲心，
除了習得愛自己的方法，
也同時獲得看待世界的全新視角。

FOCAL POINT

面對情緒變化，找到善待自己的方法

在疼惜自己的練習過程中，情緒是最大的困境，也是最需要學習之處，只要認清情緒系統，了解情緒系統之間的動態關係與平衡的微妙，你也能透過啟動撫慰情緒系統，發展慈悲心智，長出慈悲我，踏上善待自己的旅程。

慈悲是正念覺察過程中的隱性本質，從學習正念第一天開始，它就一直存在。慈悲的定義從正念的角度來看，可解釋為：

刻意地，帶著感恩和慷慨的態度，去覺察自己如何對待自己、他人的方式。

當把「感恩」和「慷慨」態度用在「覺察對待自己的方式」時，會注意到自己的用心和努力，提醒自己關心身體健康，體諒自我的付出和辛勞，即使未盡圓滿的地方，也以寬容之心善待自己；當把「感恩」和「慷慨」態度用於「覺察對待他人的方式」時，會看到眾人和我有一樣的苦痛，感恩自己所擁有的幸福，並提醒自己與他人同喜共樂，若別人有困難時，願仁慈布施。

臨床心理與腦神經科學針對身心耗竭的近期研究[1]中，

---

1 慈悲用於身心復原力在 2020~2023 年間，因為新冠疫情，照顧人員的過勞（Burnout）研究的熱門。介紹 篇發表於《神經科學與生物行為評論》（*Neuroscience & Biobehavioral Reviews*）期刊 Volume 108, January 2020, Pages 112-123〈慈悲的神經生理學基礎：慈悲及其相關神經過程的功能性磁振造影 fMRI 統合分析〉。不同於利用觀想（Imaging）或冥想（Meditating）的方法（這兩種介入方法，在此篇文章中，以「文獻回顧」的方式，約略介紹相關的研究成果），透過所設計的慈悲心智「激活似然預估法（Activation-Likelihood Estimate，ALE）」，從 16 項研究中，有 7 項共同區域被活化。這研究是為複雜的慈悲心智，從大腦神經活化區域，作基礎學理驗證。

倡導「培育慈悲心智」的好處。根據大腦的功能性磁振造影（Functional MRI，fMRI）掃描的結果可以清楚發現，當慈悲心被啟動時，所活化的腦區會刺激身體分泌可降低壓力的泌乳激素，並透過自律神經中的副交感神經，讓心跳、血壓以及身體放鬆，對心臟搏動、呼吸、血壓、消化和新陳代謝，產生修復功能。慈悲心智更可以重建心理創傷者「慈悲自我」的人格特質，達到身心療癒效果。

為了讓個案從挫折情緒中復原，透過正念覺察和慈悲心像引導[2]來培育具有力量、智慧與慈悲三種內涵的「慈悲自我」。在當代正念的觀點，將此心理治療方法稱為「慈悲焦點治療」（Compassion Focus Therapy , 以下簡稱 CFT）[3]。

這種心理治療方法認為，慈悲是透過印象（Imagery）來實現，它具有流動性，是會變化的感受，也可能是虛擬或只是輪廓，如：經由視覺、聲音、嗅覺、味覺及撫摸來形塑，也可稱為「慈悲心像」。因為它的形成方式為，經由感官或意象產生的感受，比起語言或文字，對自我情緒的影響力，遠超過我們的認知。你可以感受一下以下這些印象所產生的情緒暗示效果：

一早上班時，天空陰霾又下著毛毛雨，彷彿胸口壓著一塊鉛，走入捷運車站，感受到窒息的空氣和鬱悶壓迫感，不自覺地腳步變得沉重起來。

一個充滿溫情的擁抱後，一整天看到的人都變得友善起來，見到在路上賣玉蘭花的阿婆，便向她買了花，花香滿滿一整天。

無意間聽到主管談論工作，就聯想到是在責備自己過失，不知不覺心神不寧，而忘了正在和客戶討論工作的細節。

「印象」引導出感受的經驗，雖非全然真實，但大腦會把它視為認知內容，並在不知不覺中，引導並做出行為變化。同樣地，感受的意象雖不一定是真實的，卻讓情緒起伏。**「想像非真實」這句知名的心理學名言，說明了自我想像會導致情緒低落，但真實世界並非如此。**其中「想像」就是根據「印象」來實現的。

基於同樣的道理，善待自己或對他人的慈悲心，可透過「印象」來培養，稱之為「慈悲心像」。方法是引導注意力，用感官去看、聞、聽、觸或是去意想，稱「引導觀想」（Guided

---

2 「慈悲心像」練習，它可遡源到藏傳佛教傳統，從第十世紀開始，一直是該傳統用以教導大眾，培育慈悲心的教法。

3 由英國心理學家 Paul Gilbert 創立，是一項結合演化心理學、佛學理論、神學、依附理論以及多重西方心理治療精髓新興治療取向。

Imagery）。當觀想形成印象，可能是視覺印象、嗅覺印象、觸覺印象……會活化大腦的「撫慰系統」，產生安全、善意、仁慈的感受。

什麼是大腦的「撫慰系統」，而它又和慈悲心智有什麼關係呢？

「撫慰情緒」是感受到溫暖、友善與愛的一連串的心理變化。它由大腦透過催產素（Oxytocin）和泌乳激素（Prolactin）荷爾蒙來驅動，而這些感受和慈悲心智有關。相反地，「非撫慰情緒」是感受到焦慮、冷酷、批判和競爭的情緒，它也是透過大腦的血清素（Serotonin）或多巴胺（Dopamine）荷爾蒙來驅動，這些感受和受到威脅與競爭成就有關。喚醒內在的「撫慰系統」，宛如喚醒慈悲化身的白狼，但藏在陰影下，也有另一隻「非撫慰系統」的黑狼蹤影。

我們可以想像一下，白狼和黑狼的對立和相互映照，是不是像極了東方太極圖的黑白兩方，彼此相伴而生。而太極的圓形意象，象徵著流轉與流動，和白狼黑狼在心中的狀態相似，互為消長，白中有黑，黑中有白。因此我們並非強調非黑即白，而是你能不能在需要的時候召喚白狼，並且接受另一方的黑狼。

情緒三系統模型

除了與慈悲心有關的撫慰情緒系統之外，人類還有其他情緒系統。正式進入到慈悲相關的學習之前，需要先認識自己擁有的所有情緒系統。人類身心之間因為情緒產生的交互影響，用簡單一點的因果關係來說明的話，情緒主要作用在於，即時反應外在環境刺激，觸發身體立刻反應，並產生行為。

在心理機制上，情緒反應可以用認知行為理論[4]的 ABC 原型來解釋。例如：當面對生命威脅時，害怕的情緒，讓你會避開危險，不盲目躁進；飢餓時追求食物，為了生存的成功機會或安全保障的動機，會激發追求、冒險與成就情緒，這是存活的成就動機。物種演化過程中，由情緒驅動的行為，讓生物做出趨吉避凶的選擇，這是生命的原動力，物種才能延續且不滅亡。

在生理機制上，大腦分三個區域[5]，包括：理性區、感性區與決策區[6]。決策區會啟動「威脅情緒系統」和「成就情緒系統」，這兩者都會讓杏仁核釋放出壓力荷爾蒙，並且透過腎上腺素讓身體僵硬，呼吸急促、心情緊張，產生壓力反應。

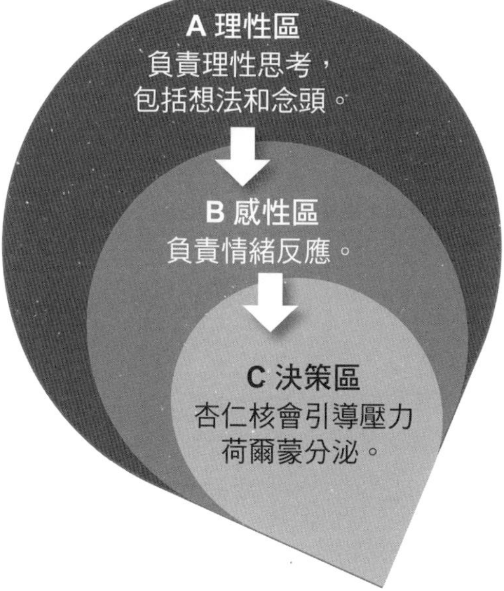

4 認知行為理論（Cognitionand Behavior Theory）認為，在認知、情緒和行為三者中，認知扮演著中介與協調的作用。認知對個人的行為進行解讀，這種解讀直接影響著個體是否最終採取行動。心理學者 Albert Ellis 提出了 ABC 理論架構。「ABC」為 Activating event（促發事件）、Belief（信念系統）及 Emotional and behavioral consequence（情緒與行為結果）的縮寫。

5 三重腦（Triune brain）概念，雖從腦神經畫分的細節上，不甚精確，但仍不失為一個值得參考且近似事實的描述。它把人類的大腦功能區分為三個部位，提供理性思考、情緒記憶及反應中樞。

6 人類的大腦功能區分為三個部位：
A 區：理性思考區，代表大腦的灰質和白質，具有想法和念頭的邏輯分析能力。
B 區：情緒反應區，以大腦的海馬迴為代表，存儲著記憶，例如情緒印記。
C 區：決策區：大腦中杏仁核的反應中樞，它受到情緒的影響，啟動維生的「戰與逃」機制，另一個機制是「暫停」，例如：變色龍或動物遇險時以靜止或隱藏的方式面對。

✚ 威脅情緒系統

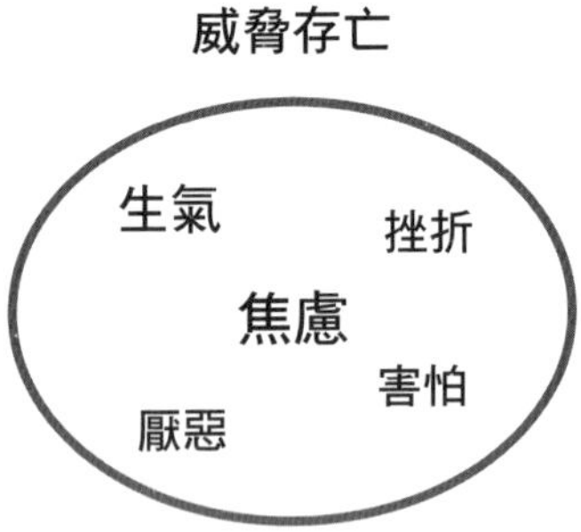

產生的原因是當遇到危險或討厭的狀況時，原始的生理反應，讓身體立刻產生「逃」以避禍的機制。這是大腦杏仁核作為「戰或逃」決策中樞，由情緒系統感受到，逃避危險的情緒所引發的。

它代表一連串的感受，包括：害怕、挫折、生氣、焦慮、厭惡等情緒時所引發的反應。現代人生活中沒有立即的生命危險，但大腦設立的威脅機制一樣敏感地存在，在生活或工作中，出現威脅的任何相關事物，例如：健康、財富、名聲，甚至是家人、社會或國家等，便會產生逃避或拒絕的情緒與行為。

＋成就情緒系統

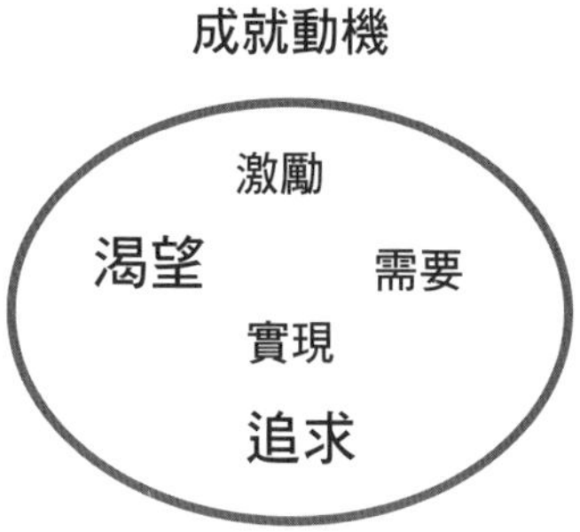

產生的原因是當遇到喜歡與需要的事物時，產生的原始生理反應，身體立刻產生「戰」的反應機制。這是大腦杏仁核作為決策「戰或逃」中樞，由情緒系統感受到追求成就的情緒所引發的。

它代表著一連串感受，包括：渴望、追求、需要、實現及激勵等情緒時，所引起的亢奮反應。現代人生活中多半沒有立即要戰爭的風險，但大腦設立的成就動機機制一樣敏感地存在，在生活或工作中，出現為了競爭成就，例如：成功、實現及渴求等所產生爭奪的情緒系統。

✚ 撫慰情緒系統

安全撫慰

當我們面對困難或生活壓力時，情緒需要被安慰時，大腦也有一個緩衝的機制，若適時啟動這個系統，會讓上述的「威脅」和「成就」兩個情緒系統得到舒緩。

「撫慰系統」來源和歸屬感有關，當夫妻之間或父母對孩子的親密感，或朋友、親人或團體的溫暖安慰，或是同伴與團隊的合作與凝聚力，可以降低面對危險的恐懼。泌乳激素的刺激在這過程中是一個關鍵性的角色，泌乳激素會在感受到親密時產生，讓身體更能忍受壓力，情緒保持穩定，能提供放鬆、親密、滿足、平靜及愛撫的效果。它也是一種「愛的荷爾蒙」，對女性來說有促進哺乳效果，對男性而言可阻止壓力荷爾蒙的分泌，穩定血壓和血糖。研究發現泌乳激素對心情也有很大的穩定效果，它會讓婦女在孩子哭鬧與工作繁瑣中，更有耐心，有更高的抗壓性與韌性。而這對男性也具有穩定情緒，讓身體可冷靜接受嚴苛挑戰，並具有情緒的復原力。

情緒系統的平衡與調整

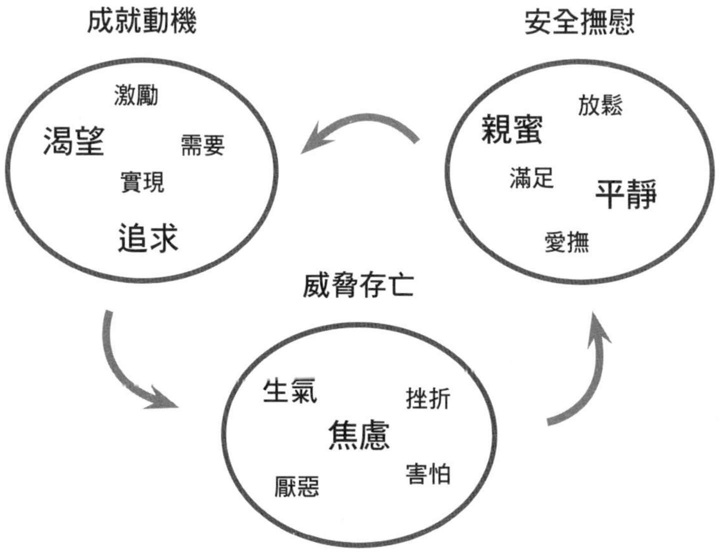

這三個系統彼此間是處於動態平衡的狀態，而且它是一種當下感受。例如：講者上台演講時，「成就」或是「威脅」情緒系統會瞬間增強，產生亢奮或焦慮的情緒。當然也有長期存在的狀態，例如：處在競爭的工作環境中，相對於退休的長者，他們的情緒系統就會和處在競爭中的工作者有明顯差異。

因為情緒易受到外界刺激而變化，若過度忙碌而疏於培養覺察力，內在的變化很容易被忽略。因此覺察身心狀況，包括身體感官感受、想法念頭的浮現，以及心情情緒起伏，這三者是正念學習者時時所應覺察的。

秀媛是一位企業的高階主管，當一天工作結束時，她會因為公司的狀況而心情起伏，倘若覺察到當天有情緒，回到家後她會不太講話，安靜地待在房間裡不和大家互動，這時孩子或老公會理解她需要一段自我時間。第二天上班時，情緒就會復原，展開新的一天。她說：「覺察自己的情緒狀況很重要，心情會影響工作品質，但更可怕的是對自己的心理狀況毫無所悉，這很容易會有情緒化的反應或做出錯誤的決定。」

若從未曾練習覺知自己的情緒，通常會認為這就是自己的脾氣或個性，都是合情合理的表達，其實只是受制於「慣性」

的反應。若要調整自己的脾氣，改變性格，扭轉命運，可透過以下練習達到。

這練習是從覺察情緒系統開始，去體驗情緒是多麼容易受到事件的影響，以及如何好好調整。它有以下三個步驟：

➲ 第一步：覺察當下情緒系統

透過畫三個大小不限、可相連也可分開的圓圈來覺察情緒，先感覺一下三個情緒系統，彼此大小關係。

先隨意畫一個圈，它就代表「威脅情緒系統」。接著覺察下一個系統，例如「撫慰情緒系統」或「成就情緒系統」，它會比第一個圈大或是比第一個圈小？然後，再畫一個圓圈來表達最後一個系統，同樣去比較相對於前兩個圈，是大是小？

第一步：畫出自己當下的情緒系統圓圈／最近一段時間的情緒系統圓圈

➲ 第二步：解釋這三者的關係以及聯想到生活上的哪些事

當你畫好後，請試著解釋為何某個情緒系統圓圈最大或最小？是否聯想到某件事？是什麼原因？

第二步：有什麼特定的原因或聯想，會讓某一個系統特別大或特別小？

➲ 第三步：整理調整的方向

完成以上兩個步驟後，你已經完成自我情緒系統的初步覺察了，相信現在你已經有了一些啟發，這時就可以引導自己，看看可以如何刻意調整情緒狀態，來降低自己的壓力感或增強動機。

第三步：這個覺察練習，帶給你什麼樣的啟發？

✚ 情緒系統與壓力關係

在三個情緒系統中，「威脅系統」與「成就系統」會主導情緒狀態，而壓力感較大的人畫出的「撫慰系統」圓圈會相對地較小，如果長期處於某種壓力狀況，會導致情緒容易激動、缺乏耐心、專注力不集中等壓力症候群的症狀；調整的方法是讓「撫慰系統」發揮調和作用，緩和其他兩個「非撫慰系統」的壓力，這樣雖處高度壓力環境，壓力感也不會太高，不會感覺到身心壓力特別大。

以文斌為例，一位三十五歲的工程師，剛結婚，並在工廠附近買了房子，每月支付貸款。他在畫自己的三個情緒系統圓圈時，出現了很大的成就系統，撫慰系統次之，而威脅系統是最小的。文斌做了以下的說明。

➲ 聯想到什麼人事物？

我想到工作上的樂趣。我是學理工的，這個工作是我很喜歡也擅長的。習慣坐在電腦桌前與一堆符號與邏輯奮戰。當解決一個問題，就感到很開心。雖然同事大家都很忙，不過公司正在成長，團隊合作默契很好，我們一起努力贏得客戶的信任。我希望有一天可以成為研發部門的主管。這是要靠實力，而我相信我有機會。

➲ 對我什麼啟發？

家庭是我最大支柱，老婆已經懷孕了，月底會迎來新生命。我感到一切的努力都是為這個家。當我做這個練習時，我體會到我需要花一些時間和家人共處，雖然工作有成就，但職場升遷與家庭生活的平衡也很重要。

COLUMN……

練習 6

撫慰呼吸

有時候，情緒威脅感很強大，會產生抗拒的狀況。這時候可以進行撫慰呼吸練習，這同時也是正念引導的方法之一。透過緩慢的呼吸節奏，降低交感神經作用，而讓副交感神經減緩焦慮情緒。

這個練習除了可以單獨練習，也可在「練習 8 撫慰情境」觀想之後接續著做。練習 6 和練習 8 兩者都可達到撫慰情緒的效果。差異在練習 6 把注意力向內，放在身體的撫慰呼吸；練習 8 把注意力向外，用五感觀想所處撫慰情境。

請你讓呼吸從正常十二次／分鐘，降低到約五至七次／分鐘。維持一次五分鐘左右[7]的練習時間。在練習時，刻意地把注意力放在外在環境，避免勾出回憶或創傷。可以依照以下引導練習：

邀請自己把注意力放在呼吸上，感覺氣體在呼吸過程中，從鼻頭、喉嚨、胸口到腹部，身體隨著呼吸的節奏而律動，讓

7　這個頻率為慈悲焦點治療（CFT）在練習時所建議的。

心隨著這樣的節奏而安定下來。

呼吸中，用五感體驗當下的環境。專注在一呼、一吸中，讓一切自然浮現。

呼吸過程中，若出現情緒或抗拒，覺察它，看到情緒中是否出現焦慮、批判及冷酷無情的聲音。不用去排除情緒，只需讓注意力再回到現場的環境。

如果接續「練習 8 撫慰情境」可繼續感受到所見到、所聽到、所聞到、所觸到的。並在一呼、一吸中，共處於當下。

刻意地讓呼吸拉長，自然而不用勉強地，只要更仔細地覺察呼吸，呼吸自然就會更深、更長。專注在一呼、一吸中，心平氣和，帶著耐心。保持三分鐘靜默，持續地專注在呼吸。

我們即將結束這個練習，你可停留一會兒，慢慢地動一下手腳，讓注意力回來。等你準備好了時，可讓當下環境的印象從心中淡去。

透過觀想，穩定產生平靜的副交感神經，或啟動撫慰情緒系統的方法，可視為為下一階段練習 9「慈悲我」的準備階段。

COLUMN……

練習 7

燃燒壓力觀想

如果感受到壓力，可以試著做以下的練習。

靜坐著，用幾分鐘在腦海中描繪辦公室或工作的場景，當你感受到情緒，無論是來自威脅感所延伸出來的焦慮、憤怒、挫折、害怕……或是來自成就系統所延伸出來的自我要求、成功的渴望、被人肯定……想像這些內容都會激起腎上腺素，產生壓力感。

觀想一把火，它就是自己過熱的威脅情緒，或者是追求成功的強烈渴望。去感受它們。閉上眼睛，感受到火慢慢加溫，火越來越大，任由它盡情地燃燒吧！不用抗拒。大火把這個空間都燒盡，把所有的負面能量都燒光。去感受到大火漸漸熄滅的餘溫。

你可以感受到大火的灰燼，感覺工作壓力被燒掉了，空間被清理了，環境變乾淨了。而心也變得清明起來。自己又重新能量滿滿。

如何啟動撫慰情緒系統

「情緒撫慰系統」的啟動，可以透過親密接觸或感官放鬆而達到。或許拍拍肩膀的鼓勵，一個肯定的眼神或擁抱，就可觸發。包括：

- ✓ 按摩。透過輕音樂、柔和的燈光、肉體的撫摸與按壓，就會讓整個情緒安定下來，產生撫慰效果。
- ✓ 朋友團隊協作。一起參與一場激烈的競爭，彼此互助給予力量，即使在壓力下，仍可保持身心平衡。
- ✓ 家庭溫暖。讓工作一整天的先生或太太回到家中時，有一餐熱騰騰的飯菜，以及伴侶親切的笑容和孩子的撒嬌。
- ✓ 戶外走走。看看天空，看到雲朵，看到青山，聞到花香，身處於大自然中，心靈也漸漸沉靜下來。
- ✓ 安排一段旅行。在不同國度中，味道、顏色、聲音、空氣的感覺，都和平常自己熟悉的不一樣，能啟動五感的覺察力。

✓ 在家中的安靜角落追劇。隨著浪漫的愛情，發人深省的生命故事，英雄的冒險探索，或喜劇、悲劇、歌舞……總有無盡的想像世界，讓心神往。

✓ 逗逗狗，擼擼貓，抱抱小孩子。讓他們的萌樣來療癒你。

✓ 一句祝福的話，一個親切的笑容，一個熱情的擁抱，一句肯定的讚美……

以上所有的行為都會刺激身體分泌泌乳激素，產生撫慰的效果，也都是自我疼惜的行為，若是把九個正念態度加入，則每一種行為的效果將會更為加倍。

✚ 正念態度深化撫慰效果

要深化撫慰效果，可以做一件上述的任何一項自我疼惜的行為，例如：祝福別人、逗逗狗、散步、旅行……再從「不做批判」的七個態度中選擇其中一個，加上代表慈悲心智的「感恩」或「慷慨」之一。就是一組能夠深化撫慰效果的正念態度組合。

➲ 以感恩心祝福別人

正念態度的「不刻意強求」加上「感恩」組合。

以「一句祝福的話」為例，當你在祝福別人時，你的笑容，你的讚美，或熱情的擁抱展現出來時，「感恩」的幸福會先充滿自身，而「不刻意強求」態度會淡化對結果的得失心，不強求有好的回報。這會讓慈悲心真誠地流露。

➲ 帶著慷慨態度的自信心

正念態度的「信任」加上「慷慨」的組合。

當你正在啟動撫慰情緒系統時，像是：逗逗狗、散步、追劇時，「慷慨」會化成自我照顧行動，降低不夠努力的罪惡感（如果你有的話），而「信任」的態度會讓你自然地放下焦慮，相信自己的智慧足以讓世界美好，也信任他人與這個環境對自己是友善和諧的，每個困難或挑戰都有最適合的結果。

➲ 正念結合慈悲

現在請你創造自己的正念態度組合。請你先從正念不批判的七個態度中選擇一個，再從兩個慈悲態度：感恩或慷慨中擇一。

七個不批判態度 我的選擇是：		兩個慈悲心態 我的選擇是：	
需要撫慰的事？			
帶給我的啟發？			

日常生活裡，在刻意地對自己好的行為中，用上述的方法，帶入正念態度，將會改變看待事情的視角。你會發現，自己也可安然自在不受到生活的紛擾影響，達到更深刻的減壓。

阿玉是繁忙的醫院主管，常常沒日沒夜地投入工作，當覺得累了或閒暇時，對她來說最具撫慰的活動就是去按摩。透過柔和燈光、香氛、輕音樂、皮膚觸感，很快就能感受到撫慰效果。當加上正念練習，她選擇了「放下」和「感恩」兩個正念態度。

週末的午後，阿玉身心疲乏地去按摩，一躺下立刻感受到四周的氛圍很快感染到身體和情緒，大腦的撫慰機制被啟動了，緊繃的肩頸肌肉慢慢地放鬆下來。和之前不同的是，阿玉刻意地先帶入「放下」這個正念態度。意外地，「放下」的心念卻喚醒她曾經「放不下」的回憶。在競爭劇烈的人事升等中，她很努力地得到大家夢寐以求的職位，這是唯有空缺才能遞補上的機會，但她為了短暫調職而自願放棄資格，留給下一位繼任者。其實她是可以選擇申請保留的，不過這樣毅然放棄的決定，起初感覺放下是很好，但時間一久心中仍難免牽掛著。

為何我放不下呢？起初的良好感覺，因總聽到外面的人說

「放棄好可惜啊！」而漸漸動搖。是否自己真的太傻了？有一次和一位師父聊天，談到自己的感受時，師父沉吟了一下，回她一句：「放不下是因為自己心量不夠大，心量若如碗公，加一點鹽巴，不會太鹹。心量若如小碟，加上同樣份量的鹽巴，會把自己鹹死。」這句話如同一記當頭棒喝打醒了她，立即就把這個執著放下了。這一段心事，就在這個放鬆的空檔浮現。放下所執的感覺，在此刻更加明顯。

感恩的正念態度，讓阿玉想到了自己所擁有的幸福家庭，感恩父親的遺澤，先生的寬容，讓她能放手做自己想做的事，成就現在的自己。感謝之情在這一刻湧現。這是一種全身如電波觸動的感受，從眼睛和全身的毛孔不自覺地感受到慈恩滿溢。她也感受到所服務的照顧工作，看到眾生的苦難，雖自己奔波勞累，一切的疲倦彷彿在這刻消逝，重燃起對生命的初心和工作的熱忱。

發展慈悲我的心像

撫慰情緒不等於慈悲，但情緒的調整過程，刻意地去啟動撫慰情緒系統，將能打造良好心理健康環境。再透過慈悲的流動性，學習如何正念態度導向給自己、他人或生活環境。

✚ 慈悲流動（Compassion Flow）

慈悲的流動性，透過外在的具體形象、撫慰環境或內在自己的慈悲心像，產生友善、溫暖及仁慈的感覺，並把這種感受流向自己或他人。透過引導觀想的方式，能夠經驗到心像的慈悲流動。有以下三種慈悲流動的形態：

➲ 第一種：自己流向別人

透過自己的慈悲心像，例如：感恩和慷慨的態度，流動到別人或大眾，產生對眾生的慈悲心。

➲ 第二種：自己流向自己

透過自己的慈悲心像，例如：自我感恩和自我慷慨，流動到自己，感受到自我慈悲。

➲ 第三種：外在形象流向自己

透過設定外在的慈悲形象，例如：具有慈悲、力量和智慧的具體形象，可以是信仰中的神明、可以是虛幻的神獸、也可以是天，將這個形象流動到自己的內心，成為一個「慈悲我」（Compassion Self）。

第一和第二種流動，慈悲他人與自我慈悲，是大家比較熟悉的慈悲流動。第三種，或許比較不熟悉，這也是「慈悲焦點治療」處理創傷情緒的方法，它可將自我批判轉化成為具有慈悲特性的自我。

COLUMN……

練習 8

撫慰情境

情境影響情緒大過任何語言、文字，因為情境帶來的感覺，雖是模糊的輪廓，但五感和意念會產生畫面或感受，也就是心像。營造一個放鬆的情境，具有撫平焦慮，減少壓力的效果，這是適合在工作中，或無法離開壓力現場時的練習方法。這方法和上一節的「練習 6 撫慰呼吸」，同樣具有透過副交感神經讓情緒穩定下來的功用。

我們以鈺庭為例：

今天在辦公室鈺庭被上司當眾大聲斥責，雖然的確是自己的過失，但感覺很受傷。心中情緒很複雜，一則憤怒地感受被欺凌，一則懊惱於自己的能力的不足，心中滿滿羞愧。

讓我們隨著鈺庭來練習這段心像的流動，把情境意象流向自己。請鈺庭找一個在一定時間內不受打擾的空間。透過幾個呼吸，讓身體安定下來。可以坐著、或是躺著。

想像自己身在放鬆、安全的地方，微閉上眼睛，想像畫面可能是一片大草原，平靜的湖邊、療癒的森林、彩雲上面，或是家中的床上……也可以是任何你曾去過，抑或是從影片和畫中看到的場景，當然也可以是想像的地方。

看到畫面景物的色調、光影、形狀與感受的視覺。

真正地聞到草、湖水、森林、微風或自己熟悉的味道。

感受到背景聲音，或許是風聲、人聲或音樂……

真實地觸摸，是平滑、輕撫、柔軟或堅實的觸感。

感受著邀請你來這個地方的人，例如：孩子、親人、朋友或喜歡的動物、寵物，他們是自己依戀的對象，可以撫慰自己的，讓你感受到自己是正被關愛著的對象。這地方是為你而敞開，是歡迎你的。

建立自己與上述五感印象之間的關係，以及印象與感受間的關係，這種流動性就是正向且有意義。

進行這練習時，選擇的觀想場所，要避免是人為或具有物理性保護的場所，例如：碉堡，因這樣的環境會觸發威脅系統。在邀請觀想中的對象時，盡可能選擇彼此關係單純的，並且避開會刺激情緒的人。

「慈悲我」的觀想

當受到傷害無法復原或太脆弱，而無法從內心升起自我慈悲時，建議透過慈悲流動，從外在選擇一位帶有慈悲特性的形象，觀想脆弱的自己與這形象特性的整合[8]，讓自己成為具有同樣慈悲特性的「慈悲我」樣貌。為自己設計這個「慈悲心像」時，請先賦予它三個慈悲者的特質。

✚ 慈悲心像的三個特質：

➲ 特質一：強壯、踏實的力量

內在的自信心帶著堅毅的行動力，知道真實自我的強壯力量，可以在批評的風浪或威脅的恐懼中，穩定下來。

宛如磐石：堅如磐石，不可動搖，無法摧毀的力量。

宛如老樹：宛如參天老樹，踏實地扎根於大地，抵得住狂風暴雨摧殘。

宛如高山：像是一座亙古不變的高山，春夏秋冬、日月星辰，不改其面貌。

在觀想慈悲形象時，善良慈愛常會是典型。但當加入的強壯力量時，表達的則是慈悲力量嚴肅的另一面。宛如為了救愛子而奮不顧身的慈母，當與風暴或與惡敵搏鬥時，堅毅眼神帶著可怖的爆發力，曝於烈日狂風下的黝黑臉頰，足以撼動敵人筋骨的強壯的臂膀。

柔美並非慈悲特質的唯一表達，帶著正面力量的憤怒樣貌也是強壯的展現。

---

8 「整合」之義，源引西藏佛的「修心」（藏語拼音 Lojong）教法，此處採用的原型即為「上師瑜伽法」（藏傳教派有不同的名稱），以建構慈悲智慧的外在形象，與自己整合為一的方法。它的本質是心智訓練，產生心性的淨化與心態改變的效果。

➲ 特質二：智慧的象徵

智慧具有洞察力，看清所有迷惑。包括：認清生命受苦本質的洞察力，以及辨別現代環境，人的情緒系統容易被愚弄的狀況。把正念帶入，將九個正念態度化身為智慧者的特質。

➲ 特質三：包容一切的慈愛

這是一種堅定、無條件的承諾。在快樂時，與我同喜共樂。在悲傷時，願意助我拔除一切苦痛的悲憫。無盡包容的慈悲語言如下，請帶著最大的熱忱，對自己說：

我愛你，即使你不完美，我衷心地為你的福祉著想，希望你可以有美滿人生。

我深深地關懷你，不讓你傷害自己，不讓你受苦。我會無條件地支持你。

COLUMN……

練習 9

「慈悲我」練習

找一個安靜的空間，讓自己可以有一段時間不被打擾。先讓自己透過心像，觀想身處於撫慰的環境中。做一段「撫慰呼吸」練習。接著從九個正念智慧者中，選擇一個自己當下最需要或最缺乏的正念態度，例如：不批判，或初心，或放下……接下來進行三步驟的觀想。

➲ 第一步：把所選擇的正念態度，內化成智慧的特質

觀想正念態度，在自己無助，最需要幫助時，把「力量」、「智慧」和「慈悲」三個特質放在心中。看到這三者合為一個的化身，祂的特性會在你的心中浮現。

➲ 第二步：把含義具象化，成為一個觀想的形象

具像化這三種特質，化成一位具體的人物、觀想其相貌、行為、表情。可能是一位親近自己的神，一個神聖護身符號，一個守護天使或動物，或宗教上帶有特別意涵的的神像。也可以選擇去宗教化的守護神獸，例如：獨角獸、黑馬、發光牡

鹿、火鳳凰、野牛、山貓、銀色野兔、雄鷹等等。請注意比較不建議選用生活中的知名人士，因為必須具備一點神性，才能體現保護與福祉的概念。

➲ 第三步：接收這慈悲形象，與自己合而為一

合而為一的方法，是透過觀想的引導，有步驟地完成合一。這將在下一段「慈悲我觀想練習」說明。

✚ 慈悲我觀想練習

首先，請採取坐姿，並讓身體保持穩定，透過三個有意識的呼吸引導來調整身體。一開始不熟悉時，這三個呼吸，可以間斷進行。熟悉第一個呼吸之後，再依次地進行下一個。都熟悉了之後，便可以將三個呼吸連貫起來，完成身體姿勢的調整。

➲ 第一步：調整身體姿勢

第一個深呼吸。

吸氣時，邀請自己，抬起頭、挺起胸。

吐氣時，雙肩自然下垂，讓身體把肩頭的壓力舒緩下來。

接下來幾個呼吸，你可持續感覺自己身體的頭、胸、肩的調整。

第二個深呼吸。

吸氣時，把注意力放在身體上半身。找到脊椎的尾椎，感覺延著脊椎向上延伸，腰椎、胸椎、頸椎，頭擺正，不仰頭，不低頭。彷彿頭頂有根絲線把你脊椎往上一提，讓上半身維持一個挺直又富有彈性的姿勢。

吐氣時，把注意力放在雙腿與雙手。雙腿可以從臀部向下延伸到腳底。雙手可以從肩頸向左右延伸到手指頭，無論手心朝上或朝下，都很好。接下來，你可以持續感覺身體的調整與覺知。

第三個深呼吸。

吸氣時，把注意力放在鼻頭，感覺氣息進入，並有覺知地感覺氣息，到喉頭、胸口，再到腹部。

吐氣時，感覺氣從腹部，經過胸口、喉頭到鼻孔。這是一個連續發生的呼吸機制，彷彿整個身體也跟著緩緩律動。接下來，你可持續地觀察自己的呼吸機制，在身體上的律動。

➲ 第二步：慈悲形象結合

在自己腦中觀想一位強壯且智慧的慈悲形象，祂會給予承諾，去關愛你，為你拔除痛苦。這形象具有強壯、智慧與慈悲，是這個特質的化身，就在你前面。而祂正和你漸漸地融合為一，成為一個新的「慈悲我」。[9]

觀想自己成為這個「慈悲我」，自己即具有這個形象的強壯力量、無盡的智慧與無邊的慈悲心。

在這樣的心像中停留一會兒，感受自己的表情、說話的語調是否有變化？觀想自己在體現「慈悲我」時，在走路時、與別人的關係、或是面對困境時，心中有什麼想法？

➲ 第三步：結束練習

即將結束這個練習時，漸漸把「慈悲我」的觀想畫面淡出，覺知回到呼吸。

可做幾個「練習 6 撫慰呼吸」讓節奏變緩。慢慢回到當下，動一下手腳，張開眼睛。

試著以一個例子，來說明做「慈悲我」這個練習的體驗。

美雲是一位六十五歲的家庭主婦，先生是家中長子，八十五歲失智母親的照顧責任就落在她的身上。美雲和婆婆相處良好，也很盡心地照顧著年邁的婆婆二十多年了，但因婆婆失智越來越嚴重，大小便無法自理，也無法分辨時間感，飲食也開

9　這個過程，依藏傳佛教傳統，提供一段觀修內容參考作為補充：「從頂門緩緩地降融，慢慢地化為空性，當到達心臟正前方部位時，全身完全化為空性。」其中「空性」是很難表達體驗，以筆者的認知，或是就是含有慈悲者心像，力量、智慧與慈悲的三個特質。參考內容出自《修心八座》譯注與研究，P55，上師瑜伽觀修內容3。作者：吳錫昌，指導老師 蘇南望傑 博士。法鼓文理學院佛教學系碩士論文。

始不正常。使得美雲的生活節奏完全被打亂。

過年時家庭聚會，小叔和小姑全家都回來了，大家聚餐時，小姑突然看著婆婆，不經意地說：「她看起來好瘦。」

老人變瘦是營養吸收不足，或因為老化而肌肉流失，但照顧的人總是美雲，大家也不經意地把眼光指向美雲。尷尬的氣氛雖然只停留一瞬間，馬上被其他話題岔開了，但美雲還是把那句話放在心中，似乎是說她照顧不周。這也引發她的自我質疑，為何總是自己負擔著照顧責任，其他兄弟或妯娌都不必負責嗎？也沒有人可以協助或安慰。美雲自問，我這樣做還不夠嗎？加上身心的疲累，讓她陷入焦慮與批判情緒之中。

美雲在幾次類似的情境中，練習慈悲形象時，她選了「不批判者的慈悲形象」。一開始，她觀想一位具有不批判的慈悲者浮現在眼前，這位慈悲形象的容貌，自然地與她自己熟悉的觀世音菩薩連結，她看到了菩薩容貌之下，體現出來的力量、智慧和慈悲。

但是每當要和這形象合而為一時，美雲開始遲疑了：「我這麼脆弱、無智慧的人，可以和這樣的形象融合嗎？」這樣的疑問讓她在這階段的練習，會不自覺地與菩薩莊嚴的形象，保持距離。

✚ 抗拒感與方便

就像第一篇提到過，練習自我慈悲時會產生抵抗，慈悲觀想過程中，也會出現抗拒。特別是當兩者合一時，你可能會覺得自己不配和這樣高尚的形象合一。這時可以試試以下的方法。這個方法降低與慈悲我融合的強度，而是採用慈心守護的方法，讓具有慈悲特質的神獸，為了不傷害自己，提供護衛的方便之門。

以美雲為例，建議她可以先選擇自己的守護神，例如：守護天使或護身的神獸，像是《哈利波特》故事中，每個孩子都有和自己最親近的守護神獸，在危險時可以呼喚牠，牠就會出現護衛自己。我建議美雲呼喚內心代表不批判智慧的「沐火鳳凰」為護身神獸。這個建議立刻讓美雲在練習時，排除了最大的心理障礙，美雲感受強壯的火鳳凰現身，牠的慈悲和智慧的特質，讓美雲成為新版本的「慈悲我」。

當觀想「慈悲我」成為一隻鳳凰從火中飛出強壯力量的化

身，讓美雲臉上的表情不再是疲累、脆弱的小媳婦，而是具有炯炯有神的洞察力，理解生活中的困難，理解人容易為出錯找原因，如實知悉自我感受的勇者。

在這練習過程中，並非所有辛苦就不見了，美雲也是會感到疲累，但是慈悲形象代表了強烈的拔苦動機，就是學習忍受在困苦狀態的智慧，可以與苦難以及同樣受到苦難的人，例如：婆婆，先生或妯娌間，產生合作關係，以自己可以做到的不自我批判能力範圍共同努力。

✚ 慈悲我的行誼

想像一下，當自己成為具有某種正念特質的慈悲形象時，你的表情會有不同嗎？說話的語調會改變嗎？當自己的身體和「慈悲我」合一時，遇到相同的困境時，你會有什麼不同反應呢？

以美雲為例：

「慈悲我」讓美雲看清自己的價值，洞見自己本來具有的一切美好。在自己出錯時不自我批判，對於小姑不經意的言語，也能包容諒解。看到婆婆每天辛苦地活著，生起深深的悲憫，而樂意為她緩解痛苦。美雲成為不批判自己原本不圓滿樣子的智慧者。

「慈悲我」是無盡慈愛的本身，心中源源不絕的悲心湧現，美雲不禁擁抱著自己，那一股撫慰的力量包含著喜悅，以及所有苦痛解除的堅定承諾，讓身體沐浴在幸福之光中。

幾次的練習，讓美雲體會到「慈悲我」的火鳳凰是內在具有本質，只是牠需要被喚醒，同時她也常常看到自我批判的黑狼就藏在其中，在無法覺察時，掌控大局。這種內在的衝突，每日都會出現幾次。漸漸地，神奇的事情發生了，日常生活照顧婆婆的細節已不再困擾著她，相反地，她會出現祝願婆婆幸福的渴望，她看到婆婆為失智所苦，感受每個人都有苦痛，這種苦是人類共同所有，生起深深的慈悲心。

當視角改變，洞悉一切的智慧發揮了作用，美雲化身為「慈悲我」，強而有力地採取堅毅行動為人拔除痛苦。

練習與慈悲形象結合，結合成為新的個體，自己就是具足力量、智慧與慈悲三者合一的新生命。

「慈悲我」是愧疚的救贖

羞愧感，固著於內心深處，持續產生諸多負面情緒。有心理學家形容羞愧是「漫生於身體的可怕藤蔓」或「心中黑暗的陰影」，說明它根植於潛意識之中。帶有羞愧感的人，通常不會開口尋求幫助，卻常伴隨著焦慮、沮喪、悲傷、挫折及憤怒的情緒。

一場正念照顧團體支持課程，每週四小時，為期四週，這班有四到六人，參加的人都是由社工轉介的家庭照顧者，個個都是高情緒負荷的人。

一位婦人出現在課堂，她被南部太陽曬得很黑，身體的粗壯感看得出來是歷經了大量勞動。一旁是她的孩子，大約近二十多歲的成年人，走路時身體微曲著無法挺直，說話時聲音忽大忽小，但聽不清完整的意思。他不理會大家，大剌剌地走進課堂中，直接找媽媽要東西吃。

美慧說：「我懷這個孩子時，發現他有異常，但仍堅持生下來。我婆婆知道他天生缺憾時，說出『我是做了什麼失德的事，有了這樣的孫子』。她從不曾抱過這孩子。

「我先生從心裡就不接受他。他認為這是我的原因，是我的錯。他會為孩子吵鬧而動手打我，常常言語霸凌，說我生了這樣的兒子，叫我去死算了。

「婆家一直想把我趕出去，最後我受不了，帶著孩子離婚，我成為單親母親，扶養孩子長大。」她很平靜地說著。

看得出來，美慧對孩子有很深的愧疚感。但孩子不一定了解母親的心情，若不順他意，就會對她尖叫或捶打她。

羞愧感是抵抗無盡痛苦循環的自我保護機制。透過負面的自我意識經驗，產生特定的行為，去彌補一個無法彌補的傷害。具有羞愧感的人們會遠離人群，但內心渴望被接納，期望自己符合社會共同道德標準。為了補償這種內在矛盾，替代的情緒則是自我批判、自我厭惡、自我輕蔑，外表行為則是掩藏、拒絕、遠離人群，甚至不再相見。

羞愧者對痛苦的抵抗力，比其他心理疾病更為強烈，因而它的治療也被認為是最為困難的。因為他們相信：自己是不被接受，本身有難以啟齒的缺憾，無法被人類所接納。這種羞愧感來自三種錯誤的自我認知：

一、當感到羞恥時，認為自己應被責備、懲罰。事實上，自己可能是無辜的。

二、感到孤立，覺得只有自己有這樣的問題。事實上，它是普遍存在的情緒。

三、認為羞恥的印記永遠存在。事實上，它來來去去，隨風而逝。

生而為人，有被愛的渴望，這是與生俱來的，但羞愧感會壓制它。為了抵抗愧疚感，自我會用兩種典型的策略因應，這就是「抵抗」的力量。也是在第一枝箭的「傷痕」後，再加上第二枝箭「抵抗」，造成更深的苦難。會呈現的兩個典型如下：

➲ 第一種典型：壓抑

羞恥的回憶，把它藏在記憶的深淵中，成為見不得光的記憶檔案。為了害怕被人發現，為了不要被人拒絕，就不與人互動，也無法敞開心去愛，接受幸福。

➲ 第二種典型：移轉

感受到罪惡感，將這種挫折感歸咎於自己。認為事情變成這樣都是自己的責任，會代入一種理應受罰，被咎責的心態。帶著自我批判與自我懲罰的心態，告訴自己「我是一位罪人」，度過這一輩子。

「罪惡感」與「羞愧感」。兩者的差別在：

羞愧感：我是一個壞人。

罪惡感：我做了一件壞事。

有一位家庭照顧者，全哥，他描述著照顧母親時的狀況。母親因中風而送入加護病房三個月，等到可以接母親送回家照顧時，才發現背上有個巴掌大的褥瘡，他非常地憤怒，責怪自己為何沒適時地幫母親處理。

雖然母親回家時，如同先前預判的已成植物人，但每當為末期的母親換藥時，母親仍會擠眉弄眼地表達痛苦，全哥看到深及骨頭的褥瘡，感受到母親的疼痛而心痛不已。最後母親去世了，全哥說：「一輩子永遠無法忘掉她的眼神。我怪我自己，沒有在她人生最後一段善盡人子的責任。」

全哥自覺沒有善盡到照顧責任時，產生的後悔所引發的罪惡感，可以持續多年或一輩子。如同接下來的例子，美慧，曾經多年的悲傷、憂鬱、自殘，甚至自殺未遂，混合了羞愧與罪惡的複雜情緒。

✚ 自我批判 VS. 自我慈悲

讓我們回到第一章提到的白狼和黑狼的內在衝突。從美慧的經驗中，她自我批判的黑狼無疑占據了主導地位。但是，白狼仍然存在，只是需要被喚醒。

黑狼是一個嚴格的老師，雖是為了自我激勵與保護自己，卻讓生命陷入黑暗，引向不幸的命運；白狼則是一位慈悲的老師，提供諒解和關愛，幫助我們度過困難時刻。

兩位老師都在幫助美慧。自我批判的黑狼，嚴格地打擊自己，啟動威脅情緒系統，以負面情緒來逃離或迴避，但這並不會讓美慧得到幸福快樂。

自我慈悲的白狼則會喚醒撫慰情緒系統，透過鼓勵與關愛，產生放鬆身心的荷爾蒙，讓內在的愧疚產生救贖的機會。

正念覺察在提醒自己不要掉入自我批判的陷阱中。當批判的聲音出現時，第一時間要警覺，告訴自己，黑狼又將帶著自己捲入情緒之中。

記得美慧說，當孩子長大了，感到自己天生的缺陷，會激動地自殘，這時她的情緒會完全崩潰，內心自責不已。正念要提醒的就是這個當下，要去覺察內在黑狼現身，同時要呼喚白狼，去護衛自己免於崩潰。

我建議美慧將羞愧的感受命名為「阿花」。刻意地透過輕鬆的命名，淡化沉重的愧疚感。

其實，家家有本難念的「阿花」。當阿花再次出現時，讓自己安靜地坐下來，放下手上的事，讓自己在這一刻，如實地感受自己的身體、想法、念頭。

允許羞愧的經驗慢慢地浮現，去感受身體的緊繃和僵硬。覺察此時身體的變化，留意眼眶四周、胸口，肩頸、雙臂的顯著變化。或許你的頭腦會被干擾，無法思考，你只需要在一旁看著眼前的事發生、無需做出任何回應。傷痛的畫面可能會一再重複，大腦會無法控制地感受到焦慮。焦慮感看似不是直接來自事件，但情緒會轉化成不同的挫折感，就像是第二枝箭，在脆弱無助時，不停地刺傷著你的心。

✚ 慈悲是強烈的拔苦動機

拔苦沒有萬靈丹，苦也不是人力可以改變的。因此，祈求一個外在「慈悲形象」，兼具強壯、智慧和慈悲三種特質，將之內化成為自己的一部分。與外在神聖力量一起工作，完成療癒的任務。

心理治療輔導中發現，羞愧者經常會以自我批評為手段，來試圖減輕外在批判，這樣反而具有正面的效果。因當他們責備自己時，代表他們認可社會標準，證明了自己並非寡廉鮮恥之人。在這裡自我批判的意義，具有保護以緩解外在壓力的效果。然而，這種自我批判會帶來其他副作用，因為它更加認同了自己是無價值、無能及殘缺的。

建立一個全新的自己，將自我認同從殘缺轉向正向，形塑一個新版本的「慈悲我」。這個新版本具有堅毅的力量以抵抗批判，擁有洞悉人生苦難的智慧，以及承諾著不動搖的自我慈悲，以此作為實現完整療癒的目標。

COLUMN……

練習 10 慈悲自他交換

在這當下，發現「阿花」又來拜訪時，即時地說出：「阿花又來了！」提醒自己，以正念覺察自己的「阿花」。

「自他交換」練習如下，以最大的誠心對自己說：

第一句：願我知道自己是一位個性善良的人，一直受到人們的需要。

第二句：願我知道自己在富有豐足的世界，過著物質並不匱乏的生活。

第三句：願我知道自己的勇敢和創造力，活在一個有意義的人生中。

想像著這樣的信任態度，隨著呼吸節奏，一句句，觀想著溫柔的白色光芒，將光芒帶入肚臍，感受到情緒，感受與阿花同在，阿花將被溫暖的白光所融化。透過呼吸，喚醒自我慈悲的白狼，也覺察內在自我批判的聲音。兩者做自他交換。

吸氣時，帶入白狼的自我慈悲（請念著上述的第一句）。

吐氣時，呼出黑狼的自我批判。

吸氣時，帶入白狼的自我慈悲（請念著上述的第二句）。

吐氣時，呼出黑狼的自我批判。

吸氣時，帶入白狼的自我慈悲（請念著上述的第三句）。

吐氣時，呼出黑狼的自我批判。

持續兩者交換，持續一分鐘

癒合羞愧是很高難度的，因為個案有著強烈的威脅系統，宛如高牆般阻擋一切關心。這種威脅感是可以透過增強撫慰系統而降低的。而這個練習最大目標就是透過正念覺察去看到內在的身體、念頭及情緒的當下變化，而這些變化都是由於威脅和成就情緒系統而引發的黑狼，但就在這當下，我們要喚醒撫慰系統，帶入自我慈悲的白狼，並進行「自他交換」。

以「慈悲我」取代「羞愧我」的拔苦三個步驟：

➲ 第一步：正念覺察力

正念覺察喚醒自己的需求，因此能聽到內在白狼的關懷聲音，同時以不批判的態度面對過去的經歷與未來，接受目前的黑狼。

➲ 第二步：正念自我慈悲

選擇具有洞察人性智慧的正念態度，成為面對苦難的心理護衛。每一個正念態度都代表喚醒內在的白狼，並覺察自我批判的黑狼。

覺察黑狼（自我批判）：

自我冷酷批判

渴望著懲罰和責任

反芻著過去，活在罪惡中

對人生失望，感到缺陷，不幸的命運

憂傷、憤怒、挫折、焦慮感

呼喚白狼（自我慈悲）：

不批判的態度與智慧

與當下生活連結的創造力

接受現況，理解苦難的本質

承認挫折感，給予鼓勵與關愛

溫軟、開放、彈性、關愛、允許

➲ 第三步：「慈悲我」練習

透過具有力量、智慧與慈悲的外在慈悲形象與自己合而為一，透過日常的行為舉止來展現，以慈悲我的具體心像來徹底改變生活，我們將能找到幸福與快樂。（參考 P.129 練習 9「慈悲我」練習）

經過這三個步驟，美慧到底有沒有從羞愧感中走出來呢？

當美慧有勇氣參加這個支持團體課程，在眾人面前說出她的感受，並把孩子帶到我的面前。她在這二十年中，為人打掃清潔維生，扶養孩子長大。已經不再是沉浸在羞愧情緒，只會哭泣的美慧了。她成功地將內在制約移轉成為開創力，堅強地活下去。

美慧說著，我聽到自己要活下去的聲音，為了孩子，也為了自己，我要移轉嘲笑、輕蔑、指責或惡意的批評的負面情緒，成為活下去的動力。

美慧是支持團體課程中最認真的學員，透過正念覺察和心得分享，雖然讓受傷的陰影浮現，但過程中這個陰影已逐漸成為追憶。現在的她，宛如一朵含苞蓮花，花瓣緩緩地舒展開來，正吐露著芬芳。她堅定告訴大家，她要對自己慈悲，精采地活下去。我告訴她，請回到生命的初心，想一想自己有什麼夢想，不要因為孩子而自我受限，不敢實現自我。想像自己具備菩薩的智慧、力量和慈悲的承諾，勇敢地走下去。

課後她切蘋果請大家吃，她的孩子也在其中一起分享。我看到美慧溫柔的眼神，展現宛如菩薩的行誼，慈悲地面對孩子的情緒索求，而不被情緒波動影響，「慈悲我」成為美慧生命中拔苦與自我救贖的力量。

同時，「慈悲我」的美好畫面，彷彿一張相片，在大家心中定格。

CHAPTER 4

自我疼惜，從心做起

+ 自我疼惜與照顧

不是吃美食、盡情購物就是善待自己。
找到情緒的平衡點，
讓自己無論喜樂悲苦，都能微笑。
那才是真正的自我疼惜。
跟著做，就能找到指引你生命的那顆北極星。

F O C A L　P O I N T

以感恩和慷慨指引自己

愛自己有多重要，相信你已經明白。以正念的方式培養出專屬於你的慈悲我，這是無法取代的重要能力，願你習得自我疼惜，每一天除了照顧身邊的人，也知道要如何照顧自己。

呼應第一章啟動注意力以自我疼惜的篇章，這個章節我們要利用心理學中「正念認知療法」所採用的「耗竭漏斗」來辨認情緒復發時的徵兆或念頭，作為自我疼惜復原計畫的一部分。

自我疼惜還有一個影響因素，便是慣性。慣性模式一旦形成，願意自我疼惜的動機就會被減損，但是可以透過一個簡單練習來打破慣性，只要去發現生活中，什麼事情讓自己不開心？不愉快的情緒是什麼？又帶著什麼樣的想法？這會幫你更清楚自己的內在需要。

本章還要介紹另一個主題是，普遍發生於照顧者身上的自我疼惜問題。照顧者有時會因同情或身心負荷過高，而產生了「慈悲疲憊」的現象。這是很多照顧者共同的心理課題。

發展慈悲心智中的「自他交換」與「慈悲我」練習，是「慈悲疲憊」的解方，將在這章來說明。

認出身心耗竭的最初源頭

從認知行為理論中，我們發現想法和情緒之間存在因果關係。然而到底是情緒產生負面想法進而產生行為；還是因為想法而產生負面情緒，才衍生出行為。**這種先後因果關係的釐清十分重要。如果情緒為先，調整的方法會從情緒下手，讓感覺變好；但若念頭為先導，介入的方法就是改變念頭。**

我們來看實證研究的結果，透過大腦功能性磁振造影的觀察發現，首要原因是從念頭所發動，再透過情緒生起，捲入更多念頭以及產生情緒層次，形成如麻花捲般的念頭和情緒，最後身心耗竭。

當釐清了首要原因後，臨床心理學家會從讓個案的情緒變好開始處理，例如：去按摩舒壓、移轉情境去遊玩，或找人訴說解悶……這都有緩和作用。但最新的研究結果卻指出，把注意力轉向個案的念頭上，覺察到想法變化，避開情緒捲入，才是根本解決之道。這個重大發現，讓正念覺察作為介入工具，採用卡巴金「正念減壓」的練習工具，加上認知行為理論，產生革命性的「正念認知療法」，重塑了心理創傷的治療方法。

COLUMN……

練習 11

耗竭漏斗練習

「耗竭漏斗」練習就是為了讓個案覺察到，某個念頭是「導致心情變壞的第一因」。

➲ 第一步：覺察典型一日活動並記錄

請你拿出一張空白紙，快速的在右半部以條列寫下你一日所做的活動。請依所做事情的順序逐一表列，但所列的事件只需一句話簡單的敘述就好，例如：「吃早餐」、「開車上班」、「空閒時間」、「和母親聊天」……至少要表列出十五件以上，也可以細分更多項目，更能看出原因。

➲ 第二步：判別活動的屬性

請你把寫好的活動項目，主觀地判別是屬於「滋養時光」或是「耗能時光」。

「滋養時光」是指你在做這件事情的時候，感覺到獲得能量，有喜悅、快樂的感受。把所有的「滋養時光」的項目用「＋」表達，如果「滋養」的強度很高，最多可以畫三個

「＋」。如果是中性的，你可以給它「0」。

而「耗能時光」是指你在做這件事情的時候，會覺得疲勞，有阻力、不快樂或艱辛的時光。把所有的「耗能時光」的項目用「－」表達，如果「耗能」的強度很高，最多可以畫三個「－」。

完成這項紀錄的要領是，不要多想，用較快速的直覺式反應來記錄一天的事件的。再慢慢地省思第二步驟，要給你的這些活動「＋」或「－」的判別。

記錄的項目，可以分成早上、下午及晚上三個時段。所有項目不宜少於十五個（每個時段至少寫下五個項目），當然也非常鼓勵寫更多，越多項目越能進行精準的判別，也不容易遺漏隱藏在其中的情緒細節。

	事項	能量強弱	認出一天當中的情緒低潮期	

➲ 第三步：情緒的調整

當你完成前頁的表格時，請你用紅筆，標示出一天之中，感受到情緒最低潮的時間。然後回答如下的三個問題：

第一個問題：心情低潮時，那是一種什麼樣的情緒？

第二個問題：會有這樣的情緒，是因為你想到什麼，或出現了什麼念頭？

第三個問題：從念頭和情緒中，帶給你什麼啟發？

回答第一個問題時你可能會發現，想要辨別情緒的類型很不容易。當需要把抽象的感受轉換成語言或文字，大腦會進行複雜的工作，要認出它是哪一種情緒，例如：悲傷、憤怒、挫折、無助、自責、羞愧……都不是大腦所擅長的。因此一種模糊的不愉悅的感覺，不由自主地襲來。

回答第二個問題時，可以開放性地把各種可能的念頭都寫下來，通常會觸發情緒的念頭可能會是：一個人、一件事、一句話、一個表情、一個動作或一個相關的連結。請耐心地覺察一下，是哪個片段想法讓你印象最深刻，才能捕捉到情緒變換的第一因。

第三個問題是了解整個事件的來龍去脈。當你看到潛藏在情緒下的原因時，你以什麼態度去面對？你可能覺得無法改變，還是你可以調整一下心態再面對？你是自己情緒的主人，或是情緒的奴隸？這取決於自己的決定。

慈悲是過勞（Burnout）的復原力

人是群體的動物，當感受到別人痛苦時會產生連結，因此跟著一起痛苦，尤其是照顧者與他的照顧對象，例如：家屬照顧親人和孩子、護理人員照顧病人、社工輔助個案。常會與他人的痛苦感受產生共鳴，此感同身受有時非專業的同理心（Empathy），而是同情心（Sympathy）。這是人性中的關係連結。照顧者在經歷被照顧對象的痛苦時，如果自己情緒一直處於低落或被照顧環境的氛圍所影響，會感受到另一種照顧者的情緒傷害，導致照顧者會很快地過勞稱之為「慈悲疲憊」。

「過勞」此一詞是 1970 年代所產生，特指在工作壓力下的「身心耗竭」宛如油燈燃盡的現象。例如有些兒童重症醫護人員，長期感受到生命早逝卻無能為力。無論照顧者、醫護或社工等人員，在照護面對死亡威脅或末期病人時，照顧者自己在生理和心理及靈性，都承受著沉重的負荷，需要如何舒壓或保持初心呢？

一位身兼醫院護理主管的教授提及：「現在的新進護理人

員，常無法調節個人的情緒，導致無法投入個案的生命故事，或投入個人的情感而陷入同情之境」。有的看多了人世間生離死別的哀愁，不自覺地悲觀起來，當這種情緒持續下去，會感覺到生命的脆弱與痛苦無助，最終選擇離開職場。

照顧者產生「同理疲憊」時，不是因為心智脆弱，而是生而為人感受同等的傷痛的能力，已超越照顧者的身心負荷。因此首先，要區辨「同情」「同理」造成情緒投入的差異。

具有同情心的人，常把自己帶入他人的苦難情緒中，有時會無法分辨，是自己的情緒或他人情緒，讓自己感到痛苦。會執取對方情緒感受，視為自己的感受。

同理心會被區別成是來自他人或自己，雖然自己能體會到他人苦難的情境，在專業訓練中，透過同理溝通來瞭解情緒痛苦。從對方的視角或像是透過窗戶往外看一般，理解那是對方的感受，而不是自己的感受。

「同理心」雖異於「同情心」，可免於自己落入個案的情緒痛苦中。但面對生死的苦痛，「同理心」仍可能也無法自持，不由自主地陷入病人的情緒中自己受苦。

從大腦接收到痛苦所刺激的大腦部位來看，無論是「同情心」或「同理心」，只要刺激到大腦中處理痛苦的區域或相關記憶部位，觸發「威脅情緒」系統，都會帶出焦慮、悲傷、挫折……如同個案的痛苦感覺。

那麼，照顧者要如何免於情緒的痛苦，且能持續地服務他人呢？

有研究指出「同理心」的投入，是產生助人之心的前奏，若無法同理對方苦難，則無法產生協助的動機。但如果長期投入，無論是「同情心」或「同理心」，情緒仍將導致慈悲疲憊的狀態。此時，滋養「慈悲心」就是過勞的解方！

因為發展慈悲心智可提供保護力，尤其是當面對生命傷亡的重大悲傷時，「慈悲心」會刺激大腦中處理「撫慰情緒」的連結部位。「撫慰情緒」產生關懷、愛護、溫暖與撫慰的感覺。

慈悲疲憊的實驗

馬休・里卡爾（Matthieu Ricard）是法國巴斯德研究院研究分子遺傳學博士，他放棄科學研究生涯，前往喜馬拉雅山區修行藏傳佛教。

他在 2007 年被邀請到美國腦神經研究實驗室，進行一場「復原力，慈悲和冥想」（Resilience, Compassion and Meditation）實驗[1]。透過核磁造影掃描大腦，觀察苦難所引發的大腦反應部位。

馬休是一位有經驗的禪修者，當同理受難者時，情緒上「感同身受」的苦楚，很快地就讓他覺得難以忍受而身心耗竭。這時他以「慈悲觀想」移轉，那是一種具有力量、智慧與慈悲的心像，他感受到溫暖積極、充滿正能量的助人願力。

在觀看 MRI 大腦被刺激的部位時，發現同理受難者的痛苦時，刺激了焦慮、挫折與悲痛的威脅情緒系統腦區。而當他移到「慈悲觀想」，感受到慈悲正撫慰著別人的痛苦時，所刺激的部位換成大腦的撫慰情緒系統。可見感受到友善關懷的慈悲，除了流向受苦的人的同時，也回到己身，保護著自己免於耗竭。

1 Differential pattern of functional brain plasticity after compassion and empathy training，發表於 2013 年 Published online 2013 May 9. doi: 10.1093/scan/nst060。作者：Olga M. Klimecki, Susanne Leiberg, Matthieu Ricard, Tania Singer。

這兩種差異，經過 MRI 精確顯示，為世人成功地展示了「同理心」和「慈悲心」區別。畢竟「慈悲疲憊」的解決之道，需從「同理他人」提升轉化至「慈悲眾生」，不僅提高照顧品質，慈悲更是保護自己的復原力，這才是最終的解方。

同理心是照顧者的基本技能，但它只是達到目標前的中途站，慈悲才是照顧智慧最終的「彼岸」[2]。

馬休在這實驗中所做的「慈悲觀想」又稱為「慈心禪」（Metta，英譯 Loving-kindness Meditation）。這是傳統佛教集會結束時都會做的練習，主要是觀想自己，宛如慈悲形象般的慈悲，從祝福自己身體健康、心情快樂、幸福免於苦難，擴大到慈心祝福自己親人或朋友，再到一般人，到世間萬物，有時也包括仇敵在內。這種觀想法，會先從同理世人都有共同的苦難，都想離苦得樂開始，再把為人拔苦的慈悲，化作祝願的行動力量。

慈悲練習曲

接下來，能協助照顧者從同理心進而滋養慈悲心，有三個慈悲日常練習，分別是：自我感恩、自我慷慨以及慈悲。

感謝是不同宗教裡普遍的祝願開頭。「感恩」的對象無論是誰，就像一句宇宙最強而有力的咒語，召喚了人世間美滿的好運氣。

這個練習也很簡單。對你的宗教信仰對象，或依具有力量、智慧與慈悲的「慈悲形象」為對象進行感恩，我們就暫稱「慈悲菩薩」，你可依信仰「主」」、「上帝」或「聖母」、「聖君」大自然的「至高者」……都可以，或者，就感謝「天」吧！

2 「到彼岸」在達到成功最終目標之義，梵語是（Pāramitā ）波羅蜜多，字義是「到彼岸」，即是從煩惱的此岸度到覺悟的彼岸。

COLUMN……

練習 12

感恩祈禱

感謝上天保佑我生活在這個地方，

大地中有著山巒、水塘、河流、大海……

天空中有太陽、月亮、白雲、藍天、風、雨，

有日、夜、陰、晴變化，春、夏、秋、冬四季的美景。

天和地之間充滿了神聖的祝福，

感恩這一切。

感謝，我有一口呼吸，

眼睛看到各種顏色光影……

鼻子聞到花的香味、

聽到美妙的聲音、

嘗到甜美的滋味、

讓我體驗到精采的人生百態，

感恩這一切。

感謝，我有豐饒的人生，

有我愛的人，

有愛我的人。

有可以維生的工作，

有足夠的財富可以活下去，

可以有衣穿、有食物、去旅行，

可以養育孩子、父母和親愛的人，

感恩這一切。

感恩於所有的生活豐賜，謝謝老天爺賞飯吃。感恩所有一切的發生，無論是好、是壞。不要把所擁有的一切，都視為理所當然。用感恩讓自己不會變得麻木不仁，對生活充滿活力。

就像吃維他命一樣，感恩的祈禱可以每天做，它就是慈悲的維它命。把它當作一項學習技巧，一種生活態度。

➲ 感恩筆記

你也可以寫自己的感恩筆記，生活中不論大小事，都戴上感恩的眼鏡，以感謝的視角，把它們描述出來。

日期	主題	內容

日期	主題	內容

COLUMN……

練習 13

對自己慷慨

每一天做一件自我慷慨的事。如何才是自我慷慨？請你自己定義。就像一份禮物，你能給予自己什麼呢？

靜心十分鐘。

給自己多一小時睡眠。

對自己做個慈心祝福。

泡一杯好喝的咖啡。

買一雙好的鞋子。

安排一個小小旅行。

換一台新車。

用你想得到的方式，用心想一下，自己最需要的禮物是什麼？

也把對他人的慷慨作為「日行一善」，祕密地為他人做一件不求回報的事。為人做事，不求回報是一種布施。一般人都會想到捐錢，但布施不只有是金錢。像是：

撿起在街道上的垃圾。

聆聽一位陌生人發牢騷。

送給公車上一位哭泣孩子一個微笑。

在同事桌上放一顆糖果或巧克力。

送上一句慈心的祝福。

或許你以為做這些事情是為了別人，只有別人得到好處。不是的，慷慨是神聖恩典，是宇宙的迴力鏢，當它射向天空時，會以同樣的方式回到自己身上。有時，在布施時會疑惑，我是否被騙了？我擁有的東西或機會讓給別人，自己是否會吃虧？或覺得對方比我有錢或更幸福，為何我要對他慷慨呢？

事實上，慷慨是一種不問回報的行為，不必管給了誰或給了多少，只要在當下升起念頭，做了這個行為後，它就完成了。你也就可以不管了，就像這件事從來沒有發生過一樣。

對人慷慨是一種慈悲行為。祕密進行，並把它完全忘掉，是最崇高的善行。

COLUMN……

練習 14 慈心觀想

在安靜的環境中，心靜下來，讓我們用最大的虔誠心意，將整個身心開放、接收。

慈心觀想

➲ 給自己

吸氣時，請用最虔誠、最大的力量，
願我遠離身體的痛苦，
願我保持身體的健康，
願我沒有憎恨與敵意，
願我遠離一切的威脅與不安全，
願我遠離一切的悲傷與恐懼，
願我擁有最大寬容、開放與慈悲。

請想像在每一次吸氣時，就帶進最大的光明與祝福，充滿全身的細胞。

想像在每一次吐氣時，釋放出心中負面的情緒和能量，在空氣中淡化、稀釋掉。

➲ 給親朋好友

現在讓我們將這樣祝福慈悲的力量，把它擴大一點，用內心最大的潛在力量，在每一次吸氣時，帶進最大的祝福。

願我的親人、好友，遠離身體的痛苦，
願我的親人、好友，保持身體健康，沒有憎恨與敵意。
遠離一切的不安全，
遠離一切的悲傷與恐懼，
擁有最大寬容、開放與慈悲。

➲ 給一切與和我有關或無關的人

讓我們再將慈悲與祝福更擴大一點，送給今天和我碰面，或許我並不認識的所有人。

願他們遠離身體的痛苦，

保持身體的健康，沒有慎恨與敵意。

遠離一切的威脅不安全，

遠離一切的悲傷與恐懼，

擁有最大寬容、開放與慈悲。

➲ 給仇敵

接下來的慈心引導比較具有挑戰性，它是為了給做好心理準備，有如勇士的你所準備的練習。因為要原諒仇敵，並給予祝福是有難度的。如果它讓你覺得難以接受，不用掛懷，就跳過去不必練習。只有當準備好了再練習，才不會有傷害。現在，讓我們再將慈悲與祝福更擴及到自己的仇敵，他們曾經傷害過我，讓我遭受身心的痛苦。

願他們遠離身體的痛苦，

保持身體的健康，沒有慎恨與敵意，

遠離一切的威脅不安全，

遠離一切的悲傷與恐懼，

擁有最大寬容、開放與慈悲。

在靜默中，處在當下一會兒。或許會有來自身體的感受出現；或許念頭或情緒自然浮現，就讓它們自在來去。當你準備好了，就可以回到身體，回到呼吸。慢慢地動一下手腳。睜開眼睛，回到現場。結束這個練習。

幾個小提醒送給你：

✓ 慈悲練習是以善待自己為基礎，以自在的姿勢讓身體放鬆，不刻意地勉強打坐或挺立。

✓ 在觀想祝福的人出現時，若有情緒波動，不刻意去美化它們，允許念頭和情緒如實出現。或許可注意一下，是否有執取的某一種念頭或感受，放下它們，不與之對抗。

✓ 祝福的人中，或許親人之中，父母、兄弟、夫妻、子女等等關係不睦。若覺得給予祝福仍有困難時，不用勉強自己，可跳過這些人。

✓ 所有的祝福都以內心的熱忱為之，不用虛假欺騙自己，即使是僅一念之真誠的心意也是很好。

✓ 當真正地融入慈心時，會體會到身體感官的變化，流淚、鼻水、汗水、皮膚毛孔……奔放開來，是一種特殊的慈悲體驗。

此刻，我們歷經了十四個練習，從認識正念開始，探索初心，接著我們學習如何自我疼惜與面對苦難，更全面地了解情緒系統的運作，至此你應該完完全全能夠呼喚心中的白狼，也能接受黑狼的存在了。希望看到這裡的你，能找回疼惜自己的力量，時時感恩，練習慷慨，你將會收到來自天地豐盛的回饋，擁有強大的內在力量，也期待你與我分享你的收穫與喜悅。

〔後記〕
呼喚自己的北極星

我問美慧：「妳的夢想是什麼？」

「老師，實在老套耶！現在沒有人談夢想了，大家只會想到什麼問題，趕快解決。每天忙著為了吃口飯，作什麼白日夢。」

「作夢有什麼不好呢？就離開現實，在完全屬於自己的空間。不必擔心別人怎麼想，不必管自己有沒有錢，更不必去想可不可能實現？」

美慧說：「早上起來時，我的骨頭很痠痛，過年期間很多家庭需要我去幫忙打掃，每天從早忙到晚。如果有什麼夢想，我希望可以多睡一小時，醒來時身體不會痠痛。這是不是個很奢侈的夢想？」

我說：「如果妳是一位『慈悲美慧』菩薩，祂會怎麼對你說？」

美慧說：「祂會告訴我：可以休息一天。讓自己睡晚一點，出門散步。」

我說：「很好啊！妳的夢想不是可以實現了嗎？」

我問：「美慧，妳喜歡花嗎？」

「喜歡啊！」

「那妳會買花給自己嗎？」

「不會，從來沒有過。老師你都不知，我們生活很辛苦，買花給自己是一個奢侈的想法。」

「如果妳是一位『慈悲美慧』菩薩，祂具有『慷慨』的智慧，會怎麼對妳說？」

「祂會告訴我：『生日時，可以買一朵玫瑰給自己。』啊！我會哭出來，從來沒有人買給我過。」

「或許不必等到生日，星期天妳就可以買花了。」

美慧問：「老師你有什麼夢想？」

「我想一下哦！我曾希望我成為一位老師，以前從沒上台教過書，在大眾面前會說不出話來。

直到現在，我雖成為一位講師，但我的夢想進階了。我想成為一位『好的』老師。

有一年的教師節，第一次收到一份『教師節快樂』的簡訊。讓我開心得不得了。」

但我覺得，自己還不是一位「好的」老師。因為有時會沒耐性，也會有教得不好的時候。

「好老師」這個夢想就像我的「指北星」一樣。在我教得不好，覺得辛苦，或是感到挫折時，它就會在眼前閃爍著。

美慧說：「如果你是一位『慈悲菩薩』，祂會怎麼對你說？」

我想了一下，回答說：「祂會說，可以開心地教，把開心也帶給大家。」

作為一位老師，希望能讓自己和大家幸福，找到真正快樂幸福之路。

美慧說：「我希望有人愛我，可以接受我和小孩。希望有個家。」

如果你是一位「慈悲美慧」菩薩，祂會怎麼對你說？

美慧說：

「菩薩具有『信任自己』智慧，祂會告訴我：『相信我可以變得可愛而美麗。』」

「菩薩具有『放下』的智慧，祂會告訴我：『可以放下過去，追求幸福。』」

「菩薩具有『回到初心』的智慧，祂會告訴我：『用好奇心，重新活過人生。』」

我說：「美慧就是慈悲菩薩，用『小草的韌性，即使在牆縫也能發芽長大』，用菩薩無邊的智慧，以及給自己無條件關愛的承諾。」

「菩薩即美慧，美慧即菩薩。」

謝辭

感謝台灣大學護理學系的胡文郁教授。她告訴我，護理人員以關懷之心仍不足以照顧末期病人的苦難與面對臨終死亡的議題，還需要滋養慈悲心，但如何培育慈悲自他與實踐的方法不多。因她的啟發，成為出版此書的原動力。

感謝陽明交通大學醫學院副院長凌憬峯教授。他提供大腦與慈悲心研究方面的諮詢，讓本書在腦神經科學的論述上更有學術的基礎。

感謝參與「正念照顧」培訓的二十四位帶領人。他們來全國各地，將透過在地的醫院與據點的申請補助方案，讓長輩、家屬、照服員與護理人員，一起學習如何自我慈悲與照顧，其中感謝台灣正念照顧協會的常務理事林斌慧老師，以及協會理事洪悅琳老師的參與，透過帶領人培訓與教學制度，讓「正念照顧」的種子，深耕而發芽。

謹以至誠。表達謝意。

吳錫昌

KNOW HOW 007

當我不愛自己時

正念，讓你重拾力量，找回自己

作　　者　吳錫昌、胡文郁
責任編輯　徐詩淵
協力編輯　賴韻如、廖雅雯
封面設計　李韻芳
內頁設計　點點設計 × 楊雅期

總 經 理　伍文翠
出版發行　知田出版 / 福智文化股份有限公司
地址 / 105407 台北市八德路三段 212 號 9 樓
電話 / (02) 2577-0637
客服信箱 / serve@bwpublish.com
心閱網 / https://www.bwpublish.com
法律顧問　王子文律師
排　　版　陳瑜安
印　　刷　富喬文化事業有限公司
總 經 銷　時報文化出版企業股份有限公司
地址 / 333019 桃園市龜山區萬壽路二段 351 號
服務電話 / (02) 2306-6600 #2111
出版日期　2024 年 11 月　初版一刷
定　　價　新台幣 300 元

ISBN　978-626-98962-1-9

當我不愛自己時：正念，讓你重拾力量，找回自己 /
吳錫昌、胡文郁著 . -- 初版 . -- 臺北市 : 知田出版 ,
福智文化股份有限公司 , 2024.11
192 面；　公分 . --（KNOW HOW ; 7）

ISBN 978-626-98962-1-9（平裝）

1. CST: 情緒管理　2. CST: 自我實現
3. CST: 生活指導

176.52　　113015410